"家校慧"丛书

郁琴芳 / 主编

百分爸妈
家有小儿初入学
（一年级）

褚红辉 沙秀宏 主编

上海社会科学院出版社
SHANGHAI ACADEMY OF SOCIAL SCIENCES PRESS

"家校慧"丛书

主　编　郁琴芳

《百分爸妈》家庭教育系列校本读物编委会

主　编：褚红辉　沙秀宏

编　委（排名不分先后）：

卢瑾文　徐雯瑶　胡晓敏

高世裔　张怡菁　何夏天

吴　萍　徐　智　叶水妹

刘双燕　张冬梅　王群英

韩佳微　徐　丹　徐程魏

俞军燕　陈　凤　朱　燕

金　晔

序

《百分爸妈》是奉贤区江海第一小学为了加强家长教育，引领家长学习而组织编撰的一套校本家庭教育指导读物。本套书共5册，依据小学生心理认知规律和学校的生源特点进行内容规划、模块划分和问题设计，易于家长和学生使用。书很薄，却很有价值。

这显然不是一套高深莫测的学术专著，而是一本本实实在在、朴实无华的家长读本。我读过很多家庭教育的专著论文，但大多由于理论术语的晦涩性和叙述方式的学术性而不适合家长朋友阅读。这套丛书的价值就在于并不追求高深的理论，甚至也没一般区域层面读本华丽的叙述框架，完全"接地气"，透着一股浓浓的"江海味"，旗帜鲜明地提出家长教育的目标是——"百分爸妈"：倡导家长不是要追求百分之百的完美，而是要通过五年的陪伴和学习，成长为合格家长。

这显然不是一套个人闭门造车的读本，而是一本本校长、教师、家长对话的成果集。孩子的健康、快乐成长是家校共育永恒的追求，但共育永远不是学校自编自演的独立剧本，亦不是校长和教师从学校实际出发，甚至是从学校便利角度出发的"独角戏"。家校共育需要沟通、互动,需要基于平等和信任的"对话"机制。在这套丛书的编写过程中,有许许多多家长的本色参与,不会因为各种客观原因就望而却步。学校的编写组也想尽一切办法与家长对话,从编写体例、叙述方式、表达字眼等方面虚心听取家长意见。必须要为这样上上下下的方式点赞,因为你们心中有彼此!

这显然不是一套会被束之高阁的成果集,而是一本本影响学校与家庭生活的记录册。市面上各式家长读本种类繁多,有的可能从出版之日开始就意味着使命的完成。江海一小的《百分爸妈》却如此别具一格,因为它具备校本化使用的特点。据校长介绍,《百分爸妈》出版后会让全校家长根据对应年级开展读本的常态化使用。我们知道,家庭教育指导的难点即在于,家长往往"听听很激动,回到家一动不动"。有了读本作为家、校的桥梁,作为家长学习和反思的载体,家庭教育和家庭教育指导应该就没有那么难了吧。

一般来说,图书的序仅是必要的装饰物,可有可无,读者甚少。不过,如果您是江海一小的家长朋友,而您也认真读过这篇短短的序言,我一定要给您满满的点赞:谢谢您愿意学习,谢谢您坚持改变。你们果然都是我心目中的"百分爸妈",加油!

上海市教科院家庭教育研究与指导中心
郁琴芳

·江海第一小学好家长标准十二条·

1. 放下手机,带孩子多参加运动,多看看外面的世界。
2. 耐心倾听孩子的话,听清楚了再作判断。
3. 多鼓励孩子,接受孩子的不完美。
4. 不偏心,给每个孩子同样的爱。
5. 学习不是孩子的"专利",要和孩子一起学习,共同进步。
6. 善于发现孩子的闪光点,不与别人家的孩子作比较。
7. 答应孩子的事,要说到做到。
8. 不随意打骂孩子,教育孩子要讲道理,摆事实。
9. 辅导孩子功课心态平和,不抱怨、不发火,好好说话。
10. 陪孩子积极参加学校活动。
11. 不在孩子面前吵架,为孩子创造温馨的家庭氛围。
12. 孝敬祖辈,和睦邻里,做孩子的表率。

·江海第一小学好孩子标准十二条·

1. 讲文明、懂礼貌、不说粗话。
2. 爱清洁、讲卫生、衣着整洁。
3. 上课认真听讲,每天自觉、独立完成作业。
4. 凡事不拖拖拉拉,今日事,今日毕。
5. 自觉阅读课外书籍,不用督促。
6. 不依赖父母,自己做力所能及的家务小事。

7. 积极加强体育锻炼,劳逸结合。

8. 按时吃饭,不挑食、不浪费,少吃零食饮料。

9. 理解父母,不和父母吵架,多和父母沟通。

10. 孝亲敬老,爱护幼小,大人的事帮着做。

11. 适当学习课外兴趣,培养自己一技之长。

12. 不沉迷电子游戏,绿色上网。

目 录

第一单元　导入篇 / 001

身心秘密 / 003
江小少年 / 007
百分爸妈 / 010

第二单元　问题篇 / 019

第一节　学习与生活 / 021
　孩子不愿意去上学 / 021
　孩子注意力不集中 / 027
　孩子过于依赖家长 / 034
第二节　自我与品德 / 039
　我家的孩子太任性 / 039

我家的孩子太胆小 / 044
　　我家的孩子小心眼 / 048
第三节　沟通与交往 / 053
　　孩子性格内向不说话 / 053
　　孩子在校在家两个样 / 060
　　孩子处处跟我对着干 / 065

第三单元　提高篇 / 071

　　帮孩子养成好习惯 / 073
　　激发孩子内在潜能 / 077
　　改变家庭教育观念 / 080
　　保护孩子的自尊心 / 084
　　家长要与孩子交心 / 088

　　家长必读 / 091

第一单元

导入篇

单元导言

从十月怀胎开始,父母的心中就永远牵挂着孩子的成长。而从幼儿园升入小学一年级,正是孩子成长过程中的一大转折点。对于孩子们来说,他们要面对全新的身份、全新的环境、全新的人际关系……这一切,都预示着孩子们即将跨入一个新的人生阶段,也让家长们既期待又担心。

身心秘密

从今年开始,孩子就要上一年级啦!马上就要进入校园,孩子心中会有忐忑,对于陌生的环境、陌生的人都可能感到害怕。我们将从几个方面,帮助家长们了解孩子在这一阶段的身心秘密,引导孩子适应校园生活。

一、身体发育特点

随着年龄的增长,小学低年级儿童的大脑重量开始逐渐接近成年人的脑重量。7岁儿童的脑重量约为1280克,相当于成人的91%。因此,6～7岁及以后的小学低年级儿童,其脑组织完全能接受小学教育。小学低年级儿童的脑与神经系统的发育非常迅速,但是毕竟还没有完全发育,因此他们需要较多的睡眠时间。一般来说,7岁的儿童需要11个小时的睡眠时间。充足的睡眠时间不仅有利于孩子的各个器官的正常发育,也有利于他们维持正常的学习生活。

一年级儿童的骨骼骨化还未完成,胶质含量较高,十分容易弯曲。因此,必须十分注意身体姿势,在运动时,应注意运动量不宜过大,注意走路、写字、看书的姿势,尤其是坐的姿势,以免成长后的骨骼畸形。小学一年级儿童的肌肉未完全发育,心脏和呼吸器官功能远未成熟,因此,他们还不能过分负重,以免损伤肌肉,不能从事运动量过大的剧烈运动,以免损害身体健康。

二、智力发展特点

一年级学生智力发展的速度是非常快的,之后速度逐步减慢。一年级是孩子智力发展的旺盛时期,这一时期变化显著。其智力要素的主要特点如下。

1. 思维具体形象

与学龄前儿童一样,一年级学生善于机械记忆,可以不考虑文章中的意义而死记硬背。比如,能够流利地背诵流行歌曲中的歌词,随着曲调演唱,但从歌曲中抽出一段就不能自由地唱,都得从头唱起,否则就接不下来。因为他们是整体机械记忆的,不能紧紧抓住所记的内容和意义有条理地记忆,也就是理解记忆的能力还很差。

2. 知觉发展不够充分

知觉发展不够充分,表现在做作业时往往看错题,认字容易张冠李戴,容易出现漏笔画、添笔画、把方位搞错等。比如,常常把"毛"写成"手",把"6"写成"9"。在观察顺序性方面,他们显得杂乱无章,观察事物零乱,不系统,没头没尾,这些到二年级会明显好转。

3. 无意注意占主导

小学一年级的儿童，他们的注意以无意注意为主，有意注意还不完善。他们的注意常常容易被活动的、鲜艳的、新颖的、有趣的事物所吸引。据研究，5～7岁的儿童注意力的保持是15分钟左右，7～9岁的儿童注意力的保持在20分钟左右。因此，学习一段时间之后，就应该放松一会儿，再继续学习。但只要能引起自己兴趣和关心的事物，他们注意力就能保持相当长的时间，如收看电视中的动画片等。这说明一年级学生在一定条件下，注意力也能集中相当长时间。

三、心理发展特点

1. 以自我为中心

当前入学的孩子，大多数仍是独生子女。"独"字突出表现在以自我为中心，任性、随便，想独占老师和其他一切。在具体行动上，还不能很明确区别"自己"和"他人"。课堂上，别人在发言，他还举手喊"老师"，要求发言。他们往往做事很少考虑别人，谁给他好东西了，谁就是他的好朋友。他们是根据谁对自己有好处，谁跟自己亲近来交朋友，这也是自我为中心的表现。

2. 对老师有特殊感情

一年级孩子对老师，尤其是对班主任，有一种特殊的感情。老师说的话，对他们很有权威，常常用"我们老师说的"，判断是非的标准是"老师说的"，老师是他们心目中"高、大、全"的代表，他们绝对听老师的话，时刻希望得到老师的表扬。

3. 感到紧张而受约束

孩子上一年级后，生活发生巨大变化，学校的规章制度颇多，老师要求严格，从半学半玩一下子变成完全受约束、有规律的学习生活，每个孩子的适应时间和能力都不同。而让一年级学生更难处理的是和同学之间的人际交往，都是同龄的孩子，都很任性，互不相让，除了老师以外，没有人可以调解，其间会发生很多的冲突和矛盾，每个孩子产生的情绪和反映又有所不同。当孩子入学一个学期之后，同学之间熟悉了，将不断学会让步，听取对方的意见，开始自我调节，孩子的社会性发展起来，慢慢就适应学校生活了。

4. 厌学情绪产生

一年级开学后两三个月左右，大部分孩子都习惯了学校生活，但有一些孩子还是不愿意上学，可能有以下几个原因：①被小朋友欺负；②不能完全理解老师的讲课内容，自己又不敢发问，慢慢造成恐惧心理；③活动速度缓慢而落后于人；④为上厕所而为难，等等。面对这些原因，家长要多多关注孩子的心理变化，了解孩子在想什么，从而引导孩子，帮助孩子解决问题。

江小少年

从孩子踏入校园，成为江海一小的一名一年级学生，他身上就被学校寄予了期望。学校希望每一个江海一小的学生都能成长为一个优秀的人，对不同年级的学生提出了成长目标。一起来看看学校对一年级孩子的期望吧！

一年级学生成长目标	
目标	内容
热爱祖国，热爱学校	1. 做到爱国"七知道"：知道国名、国旗、国歌、国徽、国庆节、首都、国家主席； 2. 爱护国旗，会唱国歌，升旗时肃立，行注目礼； 3. 知道学校的"三风一训"。
热爱学习、养成良好学习习惯	1. 按时上学不迟到； 2. 课前放好书本和文具盒，上课铃响后肃静、快速回教室坐好，安静地等待老师来上课； 3. 养成正确的读书姿势（背正身直脚平）、写字姿势（一拳一尺一寸）和坐立姿势（站如松，坐如钟）
学会关爱、帮助他人，在爱心中快乐成长	1. 听从父母、老师的教导； 2. 能和同学友好相处，相互谦让，相互帮助； 3. 爱护身边的花草树木

（续表）

一年级学生成长目标	
目标	内容
学习"微笑待人""主动打招呼"的好习惯，注重日常礼仪训练	1. 微笑待人，见到老师、同学能主动问好； 2. 在不同场合应用不同的礼节（握手、鞠躬、招手）； 3. 会正确使用基本的文明用语（您好、请、对不起、没关系、谢谢、再见）
文明守纪，养成良好行为规范，促进全面发展	1. 课间文明游戏，自觉遵守游戏规则； 2. 文明用餐，珍惜粮食； 3. 排队做到快静齐，耐心等候莫心急
学会自己的事情自己做	1. 会自己洗脸、刷牙、洗脚，会穿衣服，会系鞋带、自己背书包等；每天整理好自己的书包和课桌，经常打扫自己的小房间； 2. 有班级的值日小岗位，为班级做力所能及的事情； 3. 有固定的家庭劳动小岗位，为父母做力所能及的事情
有健康的体魄，健康的心理	1. 勤理发、勤洗澡、勤剪指甲，保持着装整洁； 2. 合理饮食，知道哪些是不健康食品； 3. 积极参加体育锻炼和有益的文体活动，认真上好体育课和体活课；认真做好眼保健操和广播操，能每天锻炼1小时
学会保护自己，平安快乐	1. 学会安全过马路，认识红绿灯和道路交通标志； 2. 知道家庭地址、父母姓名、父母单位名称和联系电话；知道3个电话：火警电话（119）、救护电话（120）、报警电话（110）； 3. 不玩火、不玩电，不燃放烟花爆竹，不参加有危险的游戏

（续表）

一年级学生成长目标	
目标	内容
热爱撕纸艺术，学会动手操作，具有想象力和创造力	1. 了解撕纸； 2. 利用模版能撕出简单的图形，如小动物类，小蜗牛、小海马等
喜欢诵读经典诗文，感受阅读的乐趣，在诵读中学会做人、获取知识	1. 诵读儿歌、童谣和浅显的古诗，能熟练背诵一年级必背古诗； 2. 根据拼音熟读《三字经》《弟子规》的内容

百分爸妈

孩子们都想要努力成为优秀的江海学子，但是往往不知道自己该怎么做。家长不仅要为孩子感到骄傲，支持孩子，更要根据这个年龄阶段孩子的身心特点和学校对孩子的成长目标，对孩子进行适当的引导，为孩子制定成长计划。一起看看该怎么做吧！

一、心理准备

孩子即将步入学校的大门，成为一名光荣的小学生，不光孩子要有足够的心理准备，家长也是如此，调整好自己的心态，给予孩子需要的精神帮助。

1. 降低期望值

孩子上小学之后，家长会比孩子更紧张、更焦虑。因为家长都给予了孩子太多的希望，希望自己的孩子都能成为人中龙凤。特别是有部分的孩子，在幼儿园是十分出类拔萃的，这时，家长更会觉得自己的孩子读了小学以后，应该是佼佼者，不是大队长，就是中队长。然而当结果不是想象中那样的时候，家长就不能调整好自己的心态，给了孩子更大的压力。

2. 耐心与宽容

上了小学，孩子每天回家都要预习、复习、练习，巩固这一天学到的知识，家长要做督促和辅导的工作，所以也会感到压力倍增。如果孩子学习接受能力强的话，作业可以马上就做好。但如果孩子学习接受能力弱一些的话，可能家长就会产生不耐烦的情绪。所以在给孩子辅导作业时，家长一定要耐心再耐心，宽容再宽容。只要孩子每天上学是快乐的，每天回来觉得读书很有趣，那家长的教育就是成功的。

3. 提前准备

孩子读了一年级，虽然没有书面作业，但都有口头作业，怎么办？靠他们自己做，一开始是不可能的。所以必须要家长在旁边陪读，一样一样地做，一门一门地完成。有的家长单位里事情多，或者平时的娱乐活动比较多，把孩子交给老人，自己在外面潇洒，这是不可取的。家长们应该有意识地调整好自己晚上外出的时间，尽量留多一些时间陪伴孩子。孩子大班的最后一学期，家长们可以在星期一至星期五，每天晚上都安排一定的训练内容，就像小学作业一样，培养孩子每天完成任务的习惯，这样就能帮助孩子提前进入小学生的晚上生活，上学后就不会一下子觉得很吃力了。在开学的前几天，父母可与孩子坐下来开个"家庭座谈会"，认真地与孩子做一次交谈，告诉孩子从上学起，就要努力学会自己的事自己做，让孩子养成一些学习习惯：放学回家做完作业后再玩；按时、独立思考完成作业；学会预习明天老师将要教的内容；做作业前先复习老师讲课的内容；做作业时仔细读题目；等等。

二、习惯培养

作为一个一年级学生，在成长的过程中，需要适应新的环境、新的学习生活，与老师、同学们好好交往，初步建立人际关系，同时完成作为一个一年级学生的任务，培养积极乐观的学习情趣，建立良好行为习惯。

家长可以从几个方面对孩子的成长进行引导，让孩子成为一个更好的人。

1. 培养孩子认真做事的好习惯

一年级的孩子对于学校虽然充满了好奇，但基本上还是懵懂的，所以在做事情时很可能还会带有原来不能坚持、凑合的习惯，甚至认为上学也是一种游戏。这都说明孩子还没有养成做事认真的好习惯。

有部分刚上小学的孩子，对于老师提的要求，要么是没听见、没听全，要么就是没在意。总之，他们几乎每天都会出现没完成作业或者没带学具的情况，影响学习。

对于这样的孩子，首先，家长要让孩子明白学习不是游戏。学校一般会让孩子们准备一个记事本，在上面记作业、第二天要带的学具，以及一些杂事。家长要经常嘱咐孩子把老师说的内容、写的内容都记下来，如果没听清楚或者没看明白，要举手问老师。回家后，家长要坚持每天查看孩子的记事本，教会孩子完成一项，就在序号的前面画一个钩。

其次，要让孩子听清楚、听完整老师布置的事情。家长要告诉孩子，老师在布置任务的时候一定要听清楚，听完之后要在心里默念几遍，直到自己确信记住了为止。如果发现自己没记住或者没听明白，一定要举手问老师，在老师给自己作解释的时候要认真听，然后在心里再次默念几遍，只有这样自己才知道该做什么、怎么做。

最后，要告诉孩子，做一件事就要尽力做好，不能凑合。在生活中，家长要注意孩子在做事的时候是否做好了，有没有凑合的现象，如果有，家长要让他重新把事情做好。比如，孩子在擦桌子的时候没有擦干净，家长就要让他把桌子重新擦一遍。这些事情看似不大，但是如果家长不注意，孩子就容易养成做事凑合的习惯，这种习惯难说不会迁移到学习上。

2. 训练孩子的听讲能力

孩子上学后，每天要做的一件重要的事情就是听讲。会听讲的孩子学习成绩往往不会太差，而不会听讲的孩子，虽然他们可能比较聪明，上学也掌握了一些知识，但是考试成绩往往并不理想。听讲是一种需要培养的能力，这种能力一旦培养起来，孩子将一生受益。

第一，要让孩子学会认真倾听别人说话。家长要注意，在和孩子说话的时候，孩子是否在听，是怎样听的，是否每次都有回应，这一点很重要。当然，如果希望孩子能够认真倾听大人讲的话，那么每当孩子和家长说话的时候，家长也要认真倾听，并且有所回应。这样孩子才有交流的愿望，也愿意认真倾听大人的讲话。

第二，要让孩子明白听和做的关系。有时孩子即使听见了老师布置的任务也不去做，这往往说明孩子不知道老师提的要求和自己有什么关系，或者认为老师提的要求自己做不做都可以。家长可以在家里和孩子玩角色扮演的游戏。比如，家长演老师，孩子演学生，家长发出各种指令，要求孩子做到。总之，家长只要设想在学校老师会发出怎样的指令，然后让孩子去做就可以了。家长还可以和孩子互换位置，自己来扮演学生，由孩子扮演老师，当孩子发出指令后，照着去做，这样也是让孩子换个位置感受上课。

第三，告诉孩子上课要注意观察老师。孩子上学后，老师经常会要求孩子眼睛看着老师，看老师怎么写，孩子会觉得只要听见老师说什么就可以了，却不知道老师做的示范动作是很重要的。所以在家里，家长要有意识地和孩子做一些只能用眼睛看才能了解的事情。闲暇时，家长可以带孩子到室外做一些体育活动，比如跳绳、踢毽子等，在教孩子动作要领的时候，家长要多做示范，少说话，让孩子认真看。

三、人际引导

1. 鼓励孩子热爱和尊敬老师

孩子上学前，家长要教育孩子热爱老师，这一点对孩子的成长很重要。如果孩子不喜欢老师也不尊敬老师，家长可以根据具体的情况来引导孩子尊敬、热爱老师。

有的孩子对老师的态度是惧怕，可能是因为老师比较凶，可能是因为曾经挨过老师批评，也可能是因为天生胆子小。对于这些情况，家长要好好地引导孩子，跟孩子说清道理；还可以请老师刻意地对孩子多微笑，多夸奖他，让孩子消除对老师的恐惧。

有些孩子行为习惯比较差，不是上课搞小动作，就是出怪声，作业也不能按时完成，考试成绩很不理想。这样的孩子经常挨老师的批评，所以，他们也就很难热爱老师。如果孩子属于这种情况，家长要主动找到老师，把孩子的情况说清楚。比如，孩子天性比较活泼；或者孩子学习能力、基础知识确实不好，现在在家里也在对孩子进行这方面的训练，而且经常教育他要听老师的话，所以请老师给他一些转变的时间；等等。家长的态度诚恳且配合，老师也乐于协助家长，还会适当照顾孩子，孩子就会感觉舒服一些，对老师的看法也会逐渐发生转变了。

在孩子愿意改变的基础上，家长要给他切实的帮助，对孩子进行行为训练，帮助孩子找到学习落后的原因，提高学习成绩。只要孩子在进步，老师是会看得到的，也会表扬他。到那时，孩子自然就会热爱、尊敬老师了，孩子在学校的生活也就会快乐起来。

2. 教孩子处理与小伙伴的关系

孩子入学后，白天的大部分时间都会在校园里度过，在生活的班集体中就会逐渐形成新的人际关系——师生关系和同学关系。在学校人际关系如何，直接影响着孩子的发展。

现在有一些过早成熟的孩子，相对同龄人比较懂事，到了学校可能会有比较强的权力意识，喜欢指挥别人。孩子上了学，老师让他做小干部，负责整队或者收作业等一些事情，他们会非常负责地完成这些任务，执行起来可能比老师还严格，很容易引起同学的不满，造成人际关系紧张。那么，在家里家长就要指导孩子，方法要灵活，态度要和蔼，如果同学不听话不要一味纠缠，把这件事情报告给老师就可以了。

在平等和善的家庭气氛中长大的孩子，和小朋友相处会比较友善，能比较快地和小朋友们融合到一起。这是很让人欣喜的一面，但是正是由于平等和善的家庭成员都能和睦相处，很少产生矛盾，所以这种家庭的孩子就无从学习处理矛盾的方法，也就是说，当孩子和小朋友们发生矛盾的时候，可能不知道该怎么处理。

孩子进入学校后相当于进入了一个小型的社会，我们不能要求所有人都能做到犯了错主动道歉。家长要告诉孩子：自己首先不要去招惹别人，如果真做错了，认真道歉，得到别人的原谅；如果别人冒犯了你，你首先要做到的是保护好自己，并警告他不可以再次冒犯；如果他很懂礼貌向你道歉，你要以礼相待，不可以得理不让人；如果他不懂礼貌掉头就走，你也不要穷追不舍，以后离他远些就是了；如果他再次冒犯你，你就要向周围的老师、同学求救，让周围的人来帮助你，或者回家后告诉父母，由父母来处理这件事。

单元小结

本单元中,我们通过3个部分来帮助家长了解孩子进入一年级后的情况。一年级的孩子会对新的环境产生陌生、害怕的心理,家长要帮助孩子消除这种心理,让孩子爱上校园生活。学校根据一年级孩子的特点,对他们提出了成长目标。基于这些特点和目标,家长们要用合适的方法引导孩子,让他们养成认真做事、认真听讲的好习惯,成为尊敬老师、友爱同学的好孩子。

第二单元

问题篇

单元导言

在上个单元中,我们从3个方面了解了孩子升入一年级需要面对与接受的东西。然而在成长过程中,孩子身上会出现各种各样的问题,让家长们头痛不已,却不得不重视。在本单元中,我们将会从一些具体问题入手,帮助家长更好地引导孩子,让每一个孩子都能健康成长。

第一节 学习与生活

孩子不愿意去上学

· 教育小剧场

走到家门口,妈妈进了门,丢丢却躲在了外面。妈妈一边往里走,一边对丢丢说:"洗洗手,然后做作业去。"回头找女儿,咦,人呢?妈妈急忙往外看,没有看见丢丢。妈妈进屋找,也没有看见丢丢,最后发现丢丢躲在门后。

妈妈生气地说:"丢丢,以后不许和妈妈开这样的玩笑,听见没有?"丢丢面无表情地站着不动。

妈妈觉得不对劲,问道:"宝贝儿,你怎么了?什么事情让你不高兴?"丢丢扭动着身体,还是不愿意进家门。妈妈急了:"怎么了?说话!"丢丢抬起水汪汪的大眼睛看着妈妈说:"妈妈,我能玩一会儿吗?"

妈妈不耐烦地说:"玩什么玩?还有那么多作业没写呢!"

丢丢皱起眉头,望着妈妈问:"妈妈,我明天可以不去上学吗?"

妈妈不解："为什么？刚开学一个多月呀。"

丢丢说："我就是不想上学了。我都没有时间玩了。我明天不去上学了！"丢丢转身进了家门，把妈妈甩在了门外。

· **智慧解码**

由于竞争的压力，繁重的课业负担已经开始由小学逐渐向幼儿园蔓延了。很多幼儿园的小孩子每天要认字、做算术题、学英语，还要经常参加各种考级，更不用说一年级的孩子了。家长这么做是迫不得已，但是从孩子的角度来看，的确是不利于孩子成长的。

许多一年级孩子会因为没有时间玩而厌学。孩子天性好玩，如果没有时间玩，孩子就像生活里没有了阳光和雨露，了无生趣。游戏既是孩子之间的通用语言，又是他们步入社会的试验田。在玩中能最大限度地调动孩子积极的思维状态，挖掘他的想象力、创造力；在玩中可以提高孩子的心理紧张度，提高他的安全意识；在玩中可以增进他的人际交往能力、变通能力、协调能力。所以不让孩子玩不但会损伤孩子的智力发展，而且会导致孩子闯更大的祸。

很多家长担心，别人的孩子都在学习，我们却让孩子玩，不是让孩子输在起跑线上了吗？其实并不是这样的。我们可以想办法让玩和学习兼顾，这样既满足了孩子玩的心理需求，又学习到了一些知识，不是两全其美吗？

第二单元　问题篇

·教育三分钟

对于一年级的孩子，从生活中、玩耍中学到的知识，要比书本上学到的知识更重要，这在发达国家已是共识。通过自身体验获得知识能使头脑更加活跃，也能保持愉悦的学习情趣。不论成绩如何，孩子首先要保持愉快乐观的学习情趣，不能把学习知识当作负担。

对于一些讨厌学习而不愿意上学的孩子，家长可以采用以下方法，让孩子在玩耍中学习，爱上学习。

1. 接受挑战法

孩子喜欢玩，因为玩有挑战性，可以满足他的好奇心，会让他很快乐。而学习中也有挑战，也可以激发孩子的好奇心，如果我们运用这一点，就可以让孩子在学习中找到快乐。也就是说，我们家长的任务是让学习具有挑战性，激发孩子的好奇心，从而让他喜欢学习。小学低年级孩子的作业中，重复的作业很多，如果不能在记忆字词中找到快乐，孩子就会觉得作业枯燥无味，而第二天课堂上的默写任务，也会让孩子感觉发怵。此时，家长要引导孩子接受挑战，看看是不是写一遍就记住了；启发孩子认真做作业，争取明天老师批作业得"A"；让孩子考考自己，写完第二遍生词时，不看前面，看看会了没有；让孩子自己用手挡住前面的字，写第三个字时就默写，第四个也这样，考察自己是不是不费吹灰之力就会了，这样写完一行生字后，对老师明天的默写已经胸有成竹，就会很有成就感。总之，在做作业时，让孩子觉得自己在接受挑战，孩子抱着一个必胜信念，学习就有意思多了。这种感觉会让孩子愿意上学，不怕默写，因为可以展示自己的成功，孩子就不易厌学了。

2. *游戏学习法*

很多孩子喜欢学校，不仅因为在这里可以学到知识，更重要的是学校有伙伴，可以和他们一起玩。小学低年级的孩子，从思想上是无法把游戏与学习彻底区分开的，学习也是玩，玩的同时也在学习。来学校是"学习"与"玩"兼顾的，这是孩子的特点。家长就要利用这一点，在学习中加入游戏，帮孩子找到在玩中学习的方法。比如我们可以帮助孩子创造一个情景，让他学会想：从前有一家兄弟四人要种地，为了公平，就把田地从中间分开，一人一块，各人种各人的，这个字就是田地的"田"。这样的学习，在记住很多字的同时，还有游戏性和创造性，孩子就会喜欢，就不会厌学了。

学习需要写字，写字很辛苦，胳膊肌肉也会酸痛，孩子很容易厌倦。此时，家长给孩子一个小闹钟和一张小卡片，用来记录每行字或者每道题所用的时间，让孩子自己和自己比赛。孩子看到自己的进步，会认为自己最棒，也增加了学习乐趣。

3. *语言鼓动法*

学习需要情趣，家长的语言很重要。"呀，女儿有很多作业呀？这回要看我女儿了，一定可以战胜它！""有10道题，没关系，我儿子一会就可以消灭它！""做作业了，准备好了吗？预备……开始！"这些简短的语言可以营造出快乐的气氛，孩子一定会喜欢，自然就不会厌学了。

孩子都知道学习的重要，取得好的学习成绩会让孩子快乐。对孩子说:"我们努力写好作业,让老师给作业本上盖小红旗,好不好?""作业本上有 5 个优秀了,你还想要几个优秀?""儿子累啦?妈妈陪你下楼打一会儿球,回来后作业会做得更好!"

孩子也有自己的目标,很多时候家长留心观察,就会知道孩子的心思。比如,孩子为了得到妈妈的表扬而努力,因为喜欢妈妈高兴而努力,希望妈妈不要劳累而努力等,这些都是我们可以运用的资源。比如对孩子说:"你不是想让妈高兴吗?好好做完今天的作业,妈妈就高兴了。"

·家长自画像

在面对孩子不愿意上学的问题时,各位家长们都是怎么处理的呢?请讲述一下自己的方法,并请根据案例与分析,对自己的教育方法进行评价和反思。

1. 教育评价(请为自己的表现打星,最满意请涂满五颗星)

我对孩子的了解☆☆☆☆☆

我与孩子的交流☆☆☆☆☆

问题的处理效果☆☆☆☆☆

家长自我总评分☆☆☆☆☆

2. 教育反思

_____

_____

_____

· 亲子总动员

灵动撕纸

江海一小的一大校园特色就是"撕纸文化"。以手指作笔，红纸当颜料作画，撕纸既可以培养孩子的学习兴趣，还能使孩子变得心灵手巧，让孩子自由思考、自由创作，在"玩"的过程中获得成功的体验，掌握学习的技能。

和你的孩子一起，合作完成一幅撕纸作品吧！

· 成长格言

子曰："知之者不如好之者，好之者不如乐之者。"

——《论语·雍也》

孩子注意力不集中

· 教育小剧场

吃过晚饭后,按照以往的惯例,小明回到自己的房间开始做作业,妈妈也开始做家务。过了不到 5 分钟,小明就从自己的房间跑出来,说是要上厕所,并且在厕所里停留了 5 分钟后才出来。妈妈知道他有拖沓的毛病,就提醒他要抓紧时间,不然会写不完作业。小明答应着回到房间继续写作业。可过了不到 10 分钟,又跑出来找水喝,妈妈就又提醒了他一遍。又过了半个小时的时间,妈妈终于没再看见小明跑出屋来,妈妈暗暗欣喜,想看看儿子的作业写得怎么样了,可到小明的门口一看,妈妈不禁火冒三丈,原来小明根本没有安心写作业,而是在玩自己手里的铅笔,并不断地变换着花样。妈妈再也忍不住大声喊起来:"小明,你到底在干什么啊?你的作业还写不写了?"

· 智慧解码

在案例中,小明之所以过一会儿上厕所、过一会儿喝水,始终不能专心写作业,是因为他的注意力不能长久地维持,专注时间太短了。根据日常生活中家长和老师的反映,在小学生或学龄前儿童中普遍存在着注意力不集中的现象。

对于孩子来说，注意力是孩子学习和生活的基本能力，孩子的注意能力的高低直接影响孩子各方面的发展。根据孩子的心理发展历程，每个孩子集中注意力的时间（即专注的时间）长短不一。一般而言，注意力的水平会随着年龄、发展情况的不同，以及个性差异而有所不同。孩子的年龄越大，他集中注意力的持续时间也会相对的越长。此外，孩子本身的个性特质、学习环境及他对学习内容的兴趣，也是影响孩子注意力集中程度的主要因素。作为一名一年级学生，小明的专注的时间短其实是正常的现象。

虽然孩子注意力的水平与先天的遗传有一定关系，但后天的环境与教育的影响更为重要。家长和老师应当根据孩子的身心发展规律与个性特征，为其创造良好的教育环境，帮助孩子养成良好的注意品质与能力。对于孩子注意力不集中问题的解决，家长不能千篇一律，要因时因地因人区别对待，老师和家长不能因为孩子的注意力不集中就乱扣"多动症"的帽子，引起孩子的恐慌，伤害孩子的自尊心。

·教育三分钟

要引导孩子形成良好的注意能力，家长可以采取一些适当的方法。

1. 评估孩子的注意力水平

很多家长经常说起孩子的注意力不集中问题，他们的焦点多数都是集中在孩子上课或写作业时集中注意力的时间太短。有的孩子在上课时集中注意力听了不到 10 分钟，就有点儿坐不住了；有的孩子在家里做作业，本来 30 分钟就可以做完的作业，经常要用好几个小时，影响了孩子的休息和睡眠。

研究显示，2 岁的儿童平均注意力集中的时间长度为 7 分钟；4 岁时为 12 分钟；5 岁时为 14 分钟。孩子年龄越大，将注意力集中在重要的事情上的能力就越强，其专注的时间也就会逐渐增加。

要了解孩子的注意力是否不集中，首先，家长可以通过观察，分别记录孩子在有旁人提醒和无旁人提醒两种状况下完成任务所用的时间，再与其他同年龄孩子专心的平均水平进行对照，这样可以初步判断孩子是否存在注意力不集中问题。

其次，家长可以通过孩子的学习成绩和生活能力来判断。如果孩子的学习成绩不错，生活能力也很强，他专注的时间短就有可能是已经会了，再听、再做，孩子感觉没有必要，是在浪费时间。面对这样的情况，家长要学会理解，同时鼓励孩子继续学习没有学过的、感兴趣的内容，这样专注的时间也会逐渐延长了。如果是孩子的学习能力、生活能力差，家长就只能从提高他的学习或生活能力入手，尝试改变孩子的学习方法，增强他生活中独立自主的能力，这样孩子能力提高了，专注的时间也就会相应地提高了。

2. 延长孩子的注意力极限

每个人注意力集中的时间都有一个极限，到了极限时间，孩子就要从学习的状态跳出来，而在此时，是家长帮助孩子提升注意力极限的最佳时候，尤其适用于低年级的孩子。

家长在孩子学习的时候,可以留心观察孩子能集中注意力多长时间,当孩子到了要分散精力的时候,对孩子进行提醒是十分必要的。这时家长可以对孩子说:"再做一分钟事情,再坚持一分钟,好吗?"此时,孩子是可以忍耐的,时间较短他们愿意配合,因为他们从心里愿意让家长满意,有的孩子可能会有点儿反感,但也会坚持。

慢慢地,家长提出的要求可以延长到2分钟、3分钟,也可以说"一会儿",但关键要看孩子的耐力。请家长每次都记一下时间,看看孩子的注意力是不是提高了。当孩子集中注意力的时间基本和同龄孩子持平的时候,家长就不要轻易再对孩子提要求了,以免孩子变得急躁和抵触。

3. 在游戏中训练孩子的注意力

家长往往希望孩子集中注意力在学习上,所以一说训练注意力,就认为一定要在学习中进行,其实这样不好。因为孩子的学习任务重,再把训练放在学习中,孩子很容易反感,孩子集中注意力的能力可以在学习之外培养。

有很多游戏都可以训练孩子的注意力,比如迷宫、拼图等,在书店可以买到很多这样的书籍,这些书既有益智作用,又深受孩子们的喜爱。家长给孩子购买这些书的时候,要注意选择难度适合孩子水平的图书,难度不要太高,也不要太简单。怎样把握这个尺度呢?家长可以在孩子玩儿的时候观察孩子,看到孩子不顺利的时候,就是有点儿难度了。家长要逐步增加难度,让孩子逐渐集中更长时间的注意力,从而达到训练的目的。

多米诺骨牌是一种可以锻炼孩子意志力的游戏,同时也可以训练孩子的注意力。家长不妨和孩子玩玩多米诺骨牌,在细致认真中体会胜利的乐趣。

家长还可以给孩子一张照片或较复杂的画,让孩子盯着看2分钟,然后闭上眼睛,回忆画面的内容,让孩子尽力把记住的每个细节都说出来。这样的训练能同时培养孩子的记忆力和集中注意力的能力。

4. 教孩子用声音提醒自己

孩子集中注意力有时需要提醒,很多家长是自己不停地提醒孩子,而不是教孩子学会自己提醒自己,其实大可以让孩子学会用自己的声音来提醒自己集中注意力。在孩子学习的时候,允许孩子说出自己做的事情,比如做语文作业的时候读出自己写的字词;做数学作业的时候把数字说出来。很多大人为了记住一些事情都会唠叨几句,让自己别忘了,孩子也一样,他们用声音提醒自己,可以取得增强注意力的效果。

还可以给孩子桌子上放置一个机械闹钟,告诉孩子:"听!指针'嘀嗒嘀嗒'走动的声音就是在提醒你集中注意力。"一些孩子会接受家长的指示,把注意力和闹钟的声音建立起联系,闹钟的声音就会时不时地提醒他集中注意力。

· 家长自画像

在孩子注意力专注时间短的这个问题上,各位家长们都是怎么处理的呢？请讲述一下自己的方法，并请根据案例与分析，对自己的教育方法进行评价和反思。

1. 教育评价（请为自己的表现打星，最满意请涂满五颗星）

我对孩子的了解☆☆☆☆☆

我与孩子的交流☆☆☆☆☆

问题的处理效果☆☆☆☆☆

家长自我总评分☆☆☆☆☆

2. 教育反思

_____

_____

_____

·亲子总动员

给数字画线

家长可在一张纸上写出几组数字，每组都是一连串的数字，一式两份，家长和孩子各人一份，同时做，看谁先又快又好地做完，从而锻炼孩子的注意力。

下面有3种题型可供选择。

1. 在某个数字下画线

比如：在数字串 4875578266814408268103748268 中划出 8。

2. 在两个相同的数字下画线

比如：在数字串 6609875534799342922396657573397 中划出相同

的数字。

3. 在两两相邻的数字下画线

比如：在数字串 2596458736559154287537091087460 中画出两两相邻、并且相加和为 10 的数字。

·**成长格言**

　　天才——首先是不知疲劳的、目标明确的劳动，在一定事物上集中注意力的能力。

——（苏联）切列巴霍夫

孩子过于依赖家长

· **教育小剧场**

然然是家里的"小皇帝",所有的事情都有家里人帮他负责。早上起床有妈妈,早饭、晚饭有奶奶,上幼儿园有爸爸,大家帮他安排得非常周到。今年9月,他和其他同龄的孩子一样走进了小学,成为了一名小学一年级的学生。他开始了校园生活和学习。不同的课,需要不同的课本。他的书本在哪里?每节课上他会找上好半天的课本。一节课结束了,又要换一本,不到半天,桌子上放满了书和本子。同学们看着他,他也无措地看看别人。午餐开始了,一个班级一起用餐。他坐着却不动。老师走过去帮助他拿出来,他才开始吃饭,一餐饭其他小朋友都吃完了,他才吃了一点。一年级的小朋友还有劳动小岗位,老师安排了然然擦窗台,他不去擦,小组长经常代他干了。渐渐地,小朋友也有点疏远他了。不到半年,然然就不想上学了,因为然然一点独立生活的能力都没有!

· **智慧解码**

然然从小任何事情都是由家长包办,等他长大了也会缺乏独立生活的能力。他就像是巢里的小鸟,从来不会自己翱翔在天空寻找食物。出现这样的情况,父母应该做反省。孩子的习惯都是父母养成的，如果父母从小让孩子做力所能及的事情，为自己负责，那么就不会是这样。

独立，是现代人必备的素质，是健全人格的重要组成部分，是人之所以能够立足于社会、发挥其潜力的基础。当一个宝宝呱呱落地时，必须依赖父母。而随着年龄的增长，幼苗终会长成参天大树，成为一个独立的人。家长对子女的爱是天经地义的，但是如何去爱却很讲究。对于孩子的人生道路，家长不闻不问，完全顺其自然是不负责的表现，但大包大揽，像修理盆景那样为孩子设计未来也是不可取的。从小依赖人的孩子，长大后将很难适应社会，缺乏独立性和自信心，也很难在事业上取得成功。

·教育三分钟

家长要从小培养孩子独立自主的能力，这样孩子长大后才能立足于社会，具体可以从以下几个方面入手。

1. 观念明确，不溺爱

培养孩子的独立意识，父母首先必须在思想上明确，不能溺爱孩子。孩子是一个独立的个体，要让孩子在生活实践中，努力去完成自己力所能及的事情。这样不仅能培养孩子良好的劳动习惯，还能养成孩子热爱劳动的好品质，促进孩子身心全面发展。有些家长溺爱孩子，不愿意让孩子受"苦"，怕孩子磕着碰着；有些家长则怕麻烦，觉得有教育孩子做的时间，自己早已做好了。这些观念都是不对的。家长也许可以图得一时省事，却害了孩子一生。因此，家长首先要从观念上明确，孩子的事情不能完全代劳。

2. 相信孩子能做很多事

3岁的孩子可训练自我服务的各项本领，如吃饭、洗手、刷牙等；4岁孩子可学习折叠被子、整理床铺以及自己照料生活；5～6岁的孩子要求穿脱衣服迅速、整齐，洗脸洗手要洗得很干净等，还要逐步教会做一些简单的家务劳动，如扫地、浇花等；7～8岁的孩子要能自己洗澡洗头；小学生应该会洗衣服，做简单的饭菜。

3. 支持孩子自己的事情自己做

孩子自己能做的事情，家长就让他们自己去做，尽量不替他们做。父母对孩子的过度照顾向孩子传递着错误的信息，不给孩子学习照顾自己的机会，使孩子对自己缺乏自信，认为自己没有能力，只能依赖父母。家长要注意权利的下放，适当地创设机会，锻炼孩子的独立能力。

4. 孩子需要耐心的帮助和指导

很多事情孩子都需要学习，家长要注意：一方面要给孩子犯错的机会，不应该用成人的标准去要求、评价孩子，否则只会打击孩子的积极性和自信心。

比如，孩子洗碗时，不小心打破了碗；洗衣服时，没有把染色的衣服分开；擦桌子时，打破了花瓶……这时，家长绝对不能发火，而应首先表扬他是个爱劳动的好孩子，然后在不伤害孩子自尊心的前提下，指出孩子的不足，并耐心指导孩子。比如，家长可以和孩子一起分析为什么会打破碗，下次洗碗的时候应该怎么做才可以避免同样的问题发生。

另一方面要给予孩子适当的帮助。帮助并不是"包办",当孩子遇到一些自己一个人不能完成的事情时,家长应该帮助找出方法以便下一次孩子独立完成。

·家长自画像

在培养孩子的独立能力时,各位家长们都是怎么做的呢?请讲述一下自己的方法,并请根据案例与分析,对自己的教育方法进行评价。

1. 教育评价(请为自己的表现打星,最满意请涂满五颗星)

我对孩子的了解☆☆☆☆☆

我与孩子的交流☆☆☆☆☆

问题的处理效果☆☆☆☆☆

家长自我总评分☆☆☆☆☆

2. 教育反思

_____

_____

_____

·亲子总动员

比比谁做得多

从学习、吃饭、个人卫生、整理房间、购物等几个方面,想想孩子哪些事情是自己独立做的,哪些还是家长在帮孩子做。在下面方框中写下孩子自己做的事情和家长替孩子做的事情,比一比是孩子做得多还是家长做得多,看看孩子的独立性如何吧!

孩子独立做的事:

家长帮孩子做的事:

· 成长格言

    流自己的汗,吃自己的饭,自己的事情自己干。靠人靠天靠祖先,都不算好汉。

——陶行知

第二节　自我与品德

我家的孩子太任性

· **教育小剧场**

小蓝是一名一年级的学生。由于父亲远在几千里之外的地方上班，一年回家的次数有限，小时候小蓝就一直跟爷爷奶奶生活，直到现在上了一年级才回到父母的身边。母亲总觉得对不起孩子，因此，对小蓝的要求几乎是百依百顺、有求必应，尤其是物质方面的要求。

就这样，原来很温顺的小蓝逐渐变成了小霸王。一旦需求得不到满足，便开始发脾气，扬言不写作业、不上学，甚至要离家出走。母亲对小蓝的这些不良习气已司空见惯，总觉得顺一顺就过了，树大自然直，等孩子长大了，也许就懂事了。所以母亲总是忍气吞声，息事宁人。

小蓝对学习的态度也是忽冷忽热，不想学就不学了。才一年级，小蓝的成绩就已经是全班垫底，每天的作业也是要靠母亲哄着才能完成。由于母亲娇惯，小蓝的坏习惯越来越多，甚至顶撞老师，班主任多次找来家长沟通，却始终没有起色。

· **智慧解码**

小蓝原本很温顺。但是母亲却认为长期不在小蓝身边有愧疚，想加倍补偿小蓝。这种心理使得母亲无条件地满足孩子的任何要求，逐渐养成了小蓝骄纵、蛮横的性格。比如，因为知道妈妈希望自己学习好，就拿不上学来作为威胁妈妈的筹码，并且每次威胁都能成功，妈妈都退让了，这让小蓝更是得寸进尺。

正是母亲一步步的退让助长了小蓝的恶习。正所谓"小洞不补，大洞难补"，如今母亲只能看着孩子越来越任性。

家长的教养方式直接影响到孩子的身心发展，它是决定教育成败的关键。一般而言，父母的教养方式主要分为溺爱型、专制型（常表现为简单粗暴）、民主型、放任型4种。其中，溺爱型、专制型和放任型都是不恰当的教养方式，是孩子产生许多问题行为的根源，不利于孩子的健康成长。只有民主型才是理想的、科学的教养方式，才能真正培养具有健全人格的孩子。因此，家长应尽量选择民主型的教养方式，以促进孩子健康成长。

· **教育三分钟**

在孩子成长的过程中，家长的教养方式至关重要。为了避免孩子养成任性、骄纵的性格，家长可以参考以下教育方式。

第二单元　问题篇

1. 观察分析，及时调整

意大利著名幼儿教育家蒙台梭利说过："唯有通过观察和分析，才能真正了解孩子的内在需要和个别差异，以决定如何协调环境，并采取应有的态度来配合幼儿成长的需要。"家长要善于用自己的眼睛去看、用耳朵去听、用心去感受孩子的言行举止和具体变化。当发现孩子有不好的行为习惯或者不良的情绪时，要尽快找到并分析孩子发生变化的原因，比如父母是否有教育观念和方法上的不当，或者是否存在社会环境的原因，等等，并及时修正。同时，家长还要发现孩子的闪光点，通过肯定赞赏长处来让孩子主动改正。

2. 宽严并济，教育适度

做任何事情都要把握好"度"，否则将难以取得成功，教育也不例外。不恰当的教养方式往往是由于家长在教育孩子时某些行为超出了必要的限度。家长对孩子既不能过分限制、过分严厉，也不能过分保护、过分溺爱，更不能过于自由、放任不管。过分限制、严厉会使孩子焦虑、退缩、缺乏同情心、暴力、攻击性强等；过分保护和过分溺爱会导致孩子自私、任性、霸道、内向、胆小、自控力差、无责任感、缺乏恒心和毅力等；过分自由、放任不管容易导致孩子失去归属感和安全感，缺乏关爱，对学习、生活没有兴趣。

所以，家长在教育子女时要保持清醒的头脑，切忌感情用事，应做到既具有控制性又比较灵活，既严格又温和、民主，要宽严并济、放管结合、尊重爱护、地位平等，努力寻求一个恰当的平衡点。

3. 坚持原则，奖惩分明

奖励和惩罚都是教育中常用的方法，家长要善于合理运用奖惩。该赏则赏，该罚则罚，不能摇摆不定。这里所说的"惩罚"要区别于传统的体罚和棍棒，更不是心理虐待，而是以维护孩子人格和自尊为前提。

惩罚孩子的时候要注意：不同性格的孩子要选择不同的惩罚方式；尽量避开公共场合；就事论事，千万不要"翻旧账"；对事不对人。

4. 家校合作，步调一致

家长要与孩子的老师进行及时的、有目的的沟通。一方面，告诉老师孩子的性格特点、行为方式、优缺点等，使老师更深入地了解你的孩子；另一方面，与老师交流自己的教育心得和困惑，把自己的想法告诉老师，以寻求老师的帮助，并配合老师的要求，对孩子进行正面的教育，保持家庭和学校教育的一致性。

·家长自画像

在孩子任性、发脾气时，各位家长们都是怎么处理的呢？请讲述一下自己的方法，并请根据案例与分析，对自己的教育方法进行评价和反思。

1. 教育评价（请为自己的表现打星，最满意请涂满五颗星）

我对孩子的了解 ☆☆☆☆☆

我与孩子的交流 ☆☆☆☆☆

问题的处理效果☆☆☆☆☆

家长自我总评分☆☆☆☆☆

2. 教育反思

_____

_____

_____

· 亲子总动员

召开一次家庭会议

参加人员：父母、爷爷奶奶、孩子、家庭其他成员等。

主要内容：第一阶段，由父母、爷爷奶奶和其他家庭成员，根据孩子自身特点，讨论适合的教育方法，初步定下孩子在家里要遵守的规则，包括奖励制度、惩罚制度等；第二阶段，由父母和孩子参加，征求孩子的意见，进一步修订规则，让规则得到家长和孩子双方的认可。

规则制定好了，就开始严格认真地执行吧！过一段时间，看看效果怎么样。

· 成长格言

父母对自己的子女爱得不够，子女就会感到痛苦；但是过分溺爱虽然是一种伟大的情感，却会使子女遭到毁灭。

——（苏联）马卡连柯

我家的孩子太胆小

· **教育小剧场**

小美上小学一年级,平时因妈妈下班晚,小美每天都参加学校的课后管理班,晚上六点半妈妈下班再来接她。冬天的晚上,六点半天已经很黑了。小美总是紧紧拉着妈妈的衣服,神态紧张,好像怕妈妈把她丢了。进家门后,小美依然拉着妈妈不放,直到妈妈把所有的灯都打开,小美才放心地松开妈妈的衣襟,回自己的房间开始写作业,让妈妈去厨房做饭。过了一会儿,妈妈的手机响了,妈妈正在炒菜,不方便离开厨房,于是妈妈喊小美帮她到房间把手机拿过来。可小美说:"我不敢,你的房间太黑了,你自己去拿吧。"妈妈没有办法,只好菜炒到一半把火关掉,自己去拿手机。妈妈很担心:"小美真的太胆小了,这样下去,可怎么办好啊?"

· **智慧解码**

案例中,小美的胆小表现在怕黑上。生活中,有许多孩子也十分胆小,有的孩子不敢在生人面前讲话,家里来了客人,或躲在家长背后不露头,或躲在房间里不出来;有的孩子上课不敢回答问题,自己不懂也不敢向老师提问,甚至老师点名叫他回答问题,也会脸色通红,难以开口,即使回答了也是声音细小,匆匆结束,像犯了什么错误一样；有的孩子不敢一个人待在无人的环境里，像小美一样怕黑、怕鬼；有的孩子对一些动物十分害怕，怕狮子、怕老虎；有的孩子不敢一个人单独出门，必须依赖大人；有的孩子受了欺负不敢讲理，更不敢反抗，只会哭泣和一味忍受；还有的孩子不敢和人打招呼，见到熟人也回避；有的孩子甚至连怕什么都说不清楚……

孩子的胆小情况多种多样，作为家长，要根据孩子害怕的事物，有方法地进行引导与帮助，驱散孩子内心的恐惧。

·教育三分钟

家长不明白为什么孩子会特别胆小，其实原因可能有很多，但一个几岁的孩子可能没办法描述出自己恐惧的是什么，一个"怕"字掩盖了所有的真实感受。

当孩子感到害怕的时候，家长要根据具体的情况对孩子进行引导。比如有很多孩子怕黑，晚上不敢一个人睡觉，那么家长可以创造条件让孩子单独睡觉。家长可以对孩子自己的空间进行一些调整，让房间里面有他喜欢的玩具，有舒服的、宽宽的、可以打滚的床，孩子可以自在地在床上玩。总之，为孩子创造一个他可以熟悉的、喜欢的空间，这样有利于孩子单独睡。床头最好有一盏小灯，或一只小手电筒，孩子害怕时可以开灯，看看房间里有没有可怕的东西，如果没有，那就可以关掉灯安心睡觉了。告诉孩子："想象着爸爸妈妈就在你的身边，没什么可怕的，你是最勇敢的。"当孩子单独睡一次之后，别忘了及时的鼓励，最好是第二天早上马上表扬，增强孩子的自信。这样就可以让孩子用成功的喜悦来淡化对黑暗的恐惧，时间长了，孩子怕黑的感觉就会消失了。

除了具体的引导，当孩子感到害怕时，家长还可以握紧孩子的手，这会给孩子安全感，让孩子体验到父母的温暖，这个方法尤其适用于年龄较小的孩子。

比如在停电的晚上，在漆黑的楼梯上，家长一定要拉着孩子的手，可以讲笑话、唱歌，冲淡孩子的注意力。家长可以告诉孩子，不管是在什么环境，只要心中想着爸爸妈妈温暖的手在牵着他，就什么都不怕了。

·家长自画像

当孩子十分胆小的时候，各位家长们都是怎么处理的呢？请讲述一下自己的方法，并请根据案例与分析，对自己的教育方法进行评价和反思。

1. 教育评价（请为自己的表现打星，最满意请涂满五颗星）

我对孩子的了解 ☆ ☆ ☆ ☆ ☆

我与孩子的交流 ☆ ☆ ☆ ☆ ☆

问题的处理效果 ☆ ☆ ☆ ☆ ☆

家长自我总评分 ☆ ☆ ☆ ☆ ☆

2. 教育反思

_____

_____

_____

第二单元 问题篇

· **亲子总动员**

锻炼孩子的胆量

家长可以让孩子在晚上去没有开灯的房间取东西，借此来锻炼孩子的胆量。开始孩子可能不敢自己去，家长可以先陪着去，告诉孩子进屋后第一件事是把灯打开，就什么事情都没有了。

家长可以具体描述东西的颜色、形状等特点来转移孩子的注意力。比如，告诉孩子去写字台取那只红色的签字笔，妈妈要等着用。如果孩子不肯，可以陪孩子向房间的门走几步，然后停下，让孩子自己去，让他想象着妈妈那种温暖的手在牵着他往前走，想象着妈妈在帮自己开灯。

在孩子拿到东西后，及时给孩子鼓励："宝宝真棒，长大了，什么都不怕了，可以帮妈妈做事情了。"这样孩子就会体会到一种成就感，妈妈经常这样锻炼孩子，会逐步树立孩子的信心，不再那么胆小。

· **成长格言**

胆小的永远在山脚，勇敢就能上顶端。

——罗马尼亚谚语

我家的孩子小心眼

·教育小剧场

小红上一年级了,妈妈给小红买了一条新裙子作为礼物,小红高高兴兴地穿着新裙子去上学了。可是在学校里,小红的新裙子被小朋友弄脏了,小红回家后气冲冲地对妈妈说:"你看我的裙子都脏了,等别的小朋友穿新衣服时,我也给他们弄脏了。"妈妈立刻教育道:"你给他们弄脏了,他们下次再把你的衣服弄脏了,你们就都穿不上干净漂亮的衣服了,衣服脏了可以洗干净,但如果你们互不相让下去,你们就不能做朋友了。"

·智慧解码

现在的孩子大多数在家都是宝贝,在学校受了委屈,父母心疼得不得了,于是就有一些父母会对孩子说:"别人对不起你,你就对不起他;别人若是打你,你就打他。"这种做法很容易使孩子成为心胸狭窄之人,这会使孩子在学校处理不好同学之间的关系,而且还会影响其与人合作的团队精神。

正确的做法是,让孩子懂得,现实生活中遇到别人对不起自己或有损于自己的事情时,不要耿耿于怀和过分计较在意,要懂得宽容别人。这样才能使孩子具有宽广的胸怀,更好地适应各种不同的环境，融洽地与人合作，充分实现自己的潜能。

孩子学会宽容，就能学会尊重和理解。孩子有了宽容之心，就会形成善良的品格，能帮助减少仇恨、暴力和偏执，同时还能使我们以善良、尊重和理解来对待别人。富有宽容心的孩子往往心地善良，性情温和，惹人喜爱，受人拥护；而缺乏宽容心的人往往性情怪诞，易走极端，不易为人亲近，因而很难融入社会大家庭之中与他人和睦相处，共同发展。所以，父母千万不要忽视对孩子宽容心的培养。

·教育三分钟

想培养孩子的宽容美德，家长可以从以下几个方面入手。

1. 教孩子学会"心理换位"

所谓心理换位就是指当双方产生矛盾时，能够站在对方的角度上思考问题，思考对方为什么会这样。能够做到这一点，就能够理解对方，减少很多不必要的矛盾。

2. 教孩子学会理解他人

金无足赤，人无完人，有缺点和不足乃是人性的必然。家长要让孩子认识到人人都有缺点，告诉孩子和同学交往、和朋友相处，没有必要求全责备。对于别人的缺点和不足，对于同学心情不好时所说的话和所做的事，没有必要事事计较，事事都摆个公平合理。多原谅一次人，多给人一次宽容和理解，同时也就为自己多找了一份好心情，也会使自己在个性完善的道路上又向前迈进了一步。

3. 不把孩子牵扯到成人的矛盾冲突中

个别父母在与别人有了矛盾时,便警告孩子不要理这个人,甚至极力阻止孩子与这个人的孩子玩。这种做法无形中告诉孩子,不要理睬与自己意见不一或有矛盾的人,久而久之,孩子会变得斤斤计较,甚至产生仇视一切的心理。

4. 以身作则,言传身教

父母要为孩子树立榜样,孩子最初都是从父母那里学习待人接物的方式的。父母宽容、大度、遇事不斤斤计较,与邻里、同事之间融洽相处,孩子就会学着父母的样子处理同学之间的关系,也会变得宽容、好善、乐与人处。

5. 鼓励孩子接纳新事物和善于应变

宽容不仅体现在对"人"的态度上,也表现在对"物"和"事"的态度上。父母要引导孩子见识多种新生事物,让孩子喜欢并乐意接受新生事物,承受事物发生的意想不到的变化,善知变和应变。如让孩子了解各种奇观、奇迹,观察生活日新月异的变化,允许孩子独辟蹊径地解决问题。孩子一旦习惯于"纳新"和"应变",他对世间的万事万物也就具备了宽容之心。

· **家长自画像**

在孩子遇到事情显得比较小心眼时,各位家长们都是怎么教育的呢?请讲述一下自己的方法,并请根据案例与分析,对自己的教育方法进行评价和反思。

1. 教育评价（请为自己的表现打星，最满意请涂满五颗星）

我对孩子的了解 ☆☆☆☆☆

我与孩子的交流 ☆☆☆☆☆

问题的处理效果 ☆☆☆☆☆

家长自我总评分 ☆☆☆☆☆

2. 教育反思

_____

_____

_____

·亲子总动员

让孩子学会宽容

下面所列举的情形是小气、不能宽容别人的孩子经常表现出来的行为，带着你的孩子做一下宽容度测试吧。参照每项标准的分数，在每句句子后面的横线上写一个最能代表孩子目前情况的数字，然后相加得出总分。

1分＝从不这样，2分＝偶尔这样，3分＝有时这样，4分＝经常这样，5分＝总是这样

A. 受到别人的侮辱，心怀嫉恨。得分：_____

B. 其他人给自己起外号，自己马上反击。得分：_____

C. 父母批评自己就不高兴。得分：_____

D. 同学犯了错误就嘲笑他。得分：_____

E. 看到有困难的同学不去帮助反而欺负他。得分：_____

如果得分在 20～25，那说明你的孩子一点都不宽容，家长需要用适当的方法对孩子进行教育和引导；如果得分在 15～19，那说明你的孩子宽容度一般；如果得分在 10～14，那说明你的孩子对人较宽容；如果得分在 5～9，那说明你的孩子对待别人十分宽容，希望他能够继续保持下去！

> ·**成长格言**
>
> 　　世界上最宽阔的是海洋，比海洋更宽阔的是天空，比天空更宽阔的是人的胸怀。
>
> ——（法）雨果

第三节　沟通与交往

孩子性格内向不说话

· **教育小剧场**

小磊从小就是个安静的孩子，很让人省心。小磊的爸爸妈妈工作很忙，经常要很晚才能回家，好在奶奶家离小磊家不远，每天都是奶奶先把他接回去，晚上小磊的妈妈再到奶奶家接他。回到家后，有时候小磊想和妈妈说说幼儿园的事情，可是妈妈很累，经常对他说："宝贝，妈妈很累，明天再说吧！"或者简单地敷衍两句，没太用心听他说什么。后来小磊也就不怎么缠着妈妈说这说那了。妈妈也没太在意，觉得这么小的孩子能有什么大不了的事。

直到小磊上了小学后，妈妈才发现儿子的安静原来也是一个缺点。小磊刚上一年级几个月，老师就向妈妈反映，小磊上课从来不主动举手发言，和别的同学也不怎么交往。老师问妈妈家里是不是有什么事，不然为什么小磊看起来总是一副闷闷不乐的样子。

妈妈回到家，把小磊叫过来问道："儿子，老师说你最近老是不太高兴，到底是为什么呢？"小磊低头看着自己的脚尖，一言不发。妈妈只好又问了一遍，可是小磊还是不说话。妈妈有点着急了，又问小磊："你平时为什么不举手回答问题呢？是不会，还是不敢呢？"小磊还是老样子，低着头不说话。

妈妈这回真的沉不住气了，声音一下子高了八度："你这个孩子，我问你十句，你一句也不回答，急死我了，你到底怎么回事？！快说！"小磊没有说，反而噼里啪啦地掉起了眼泪。妈妈本来并没有责怪儿子的意思，只是一时着急才会嚷了他两句，没想到儿子就跟受了天大委屈一样哭了起来，就像个小姑娘，哪里有点男子汉的样子？妈妈心想，这孩子怎么这么没出息，今后长大了可怎么好？真是急死了。

· **智慧解码**

案例中小磊出现这种状况，小磊的妈妈实在应该好好反思。孩子的心理发展是一个漫长的过程，家长对每一个阶段都要施以必要的关注。

小磊的情况主要就是因为与奶奶之间缺少交流，奶奶只是保证了孩子生活上的需要，没有或很少考虑孩子的心理需要。而妈妈由于忙于工作也忽略了与小磊沟通，小磊心里渴望与妈妈交流，但又不确定妈妈是否有耐心听，是否有时间听，慢慢小磊就不爱说话了。

像小磊这样内向的孩子，家长不要盼着他短时间内就会变得"伶牙俐齿"。想要这样内向的孩子能有效地表达内心的想法，和他人很好地交流，家长要有耐心，并且还要有一定的技巧。

· **教育三分钟**

对于内向、不善于表达自己的孩子，家长可以通过以下几种方法来对孩子进行引导，慢慢打开孩子的内心，让他们表达自己的想法。

1. 通过孩子感兴趣的话题来培养表达能力

内向和外向只是每个人不同的性格特征，各有利弊，但是面对内向的孩子，父母要想和他很好地沟通，往往要花费更多的心思。家长不要试图改变孩子的个性，而是应该帮助他发挥自己的个性特长。

父母可以先尽量找些孩子感兴趣的话题，慢慢地让孩子觉得和家长聊天是一件愉快的事情。当孩子和家长想说的话越来越多时，家长可以适当地引导他转向父母想知道的问题。

同时，家长可以主动告诉孩子自己一天的活动，告诉孩子自己现在的心情和感受，让孩子体会到自己的真诚，以及对他的尊重，孩子就会渐渐地放下障碍，认真地和你谈话。

要注意的是，一次和一个内向的孩子聊太多太多的话题会使他无法适应，因为有的孩子的表达能力比较差，他们需要时间来仔细思考应该怎样回答每一个问题，问题太多会使他思想混乱而怠于思考。所以和内向的孩子交流时，不能着急，要慢慢来。

2. 缓解压力，增强孩子交流的欲望

有的孩子可能担心自己说的话父母不感兴趣，或者会认为父母不同意自己的看法而不敢发言,对于这样的孩子,父母一定要有足够的心理准备。

家长可以顺势引导孩子,安慰孩子,甚至可以向他保证:"你想说什么就说什么吧,妈妈不会怪你的,慢慢说,妈妈在听着呢,不着急。"以此来缓解孩子的压力,增强孩子交流的欲望。

父母和孩子交谈前,最好大致地理顺要沟通的思路,对如何沟通、怎样开头、怎样引导、估计他会出现怎样的反应,怎样更好地应付这些反应等,都做个粗略的计划,甚至可以在心里预演一下。这样有了好的开头,以后的沟通就可以轻松、容易得多了。

3. 扩大孩子的生活范围

内向的孩子普遍由于胆小、害羞,不愿主动和别人交往,家长应该有意识地扩大孩子的生活范围,增加孩子与外界接触并锻炼自己表达能力的机会。

父母可以经常带孩子外出,支持孩子参与各种社会活动,有意识地为孩子创造与外界接触的机会。外出的时候,家长可以鼓励孩子,并事先简单地告诉他一些和别人交往的方法,在孩子和别人交往的过程中,父母在旁边不断地给予及时的鼓励和指导。

家长应该让孩子多和小朋友接触,并和他们交朋友。同龄人的交往会让孩子觉得很自然,这样孩子逐渐就会产生和他人交往的信心和兴趣了。

4. 家长与内向的孩子沟通时要注意技巧

内向的孩子一般内心会很敏感,他们很在意外界对自己的评价,所以在与内向的孩子沟通时,家长要掌握一定的技巧,不然可能会让孩子觉得家长并没有认真地和他交流,觉得自己被忽视,沟通很难达到预期的效果。

和孩子沟通的时候,要注重肢体语言,一个拥抱、一个亲吻、一个赞赏的眼神,孩子都会觉得很温暖。可以用肢体语言告诉孩子:"爸爸妈妈是爱你的。"家长这样做,对于孩子说出自己内心的想法是很有必要的。

同时,家长一定要善于倾听。家长和内向的孩子沟通不良的一个很重要的原因是家长过于主观,不考虑孩子的想法和需要,没有静下心来去倾听孩子的真实想法。孩子的想法有时是有他的道理的,家长应该用询问的方式了解孩子的想法。当孩子感觉到家长对待自己的平等态度时,也就更乐于将自己的心里话说出来。

在孩子不能准确说出想说的话的时候,家长要善于引导。内向的孩子往往会词不达意,或者啰里啰嗦说不清楚,这时家长千万不能着急,不要催促、打岔,孩子一个问题没说完,就找出他一堆"不是",这样孩子是不会有兴趣继续和你交流下去的。家长在孩子表达有困难的时候可以给予一些提示,帮助孩子把意思表达清楚,也可以有意说出一些不完整的句子,比如"我知道你喜欢……"之类的话,孩子会很乐意接话。

·家长自画像

遇到孩子性格内向、不爱说话的情况,各位家长们都是怎么做的呢？请讲述一下自己的方法，并请根据案例与分析，对自己的教育方法进行评价和反思。

1. 教育评价（请为自己的表现打星，最满意请涂满五颗星）

我对孩子的了解 ☆☆☆☆☆

我与孩子的交流 ☆☆☆☆☆

问题的处理效果 ☆☆☆☆☆

家长自我总评分 ☆☆☆☆☆

2. 教育反思

_____

_____

·亲子总动员

下面所描述的内容，你做到了哪些呢？请在做到的编号上打钩。

1. 认真聆听孩子想要告诉自己的事情。

2. 再忙也想办法抽出时间和孩子在一起。

3. 对孩子做的事情表现出兴趣。

4. 鼓励孩子有自己的看法和观点。

5. 让孩子把话说完，不插嘴，不中途将其打断。

6. 允许孩子有不同甚至反对的意见。

7. 爱惜孩子的东西。

8. 征求孩子对某个问题的解决意见。

9. 尊重孩子的观点和看法。

10. 尊重孩子选择朋友和活动的权利。

上面这些内容,各位家长做到了几条呢?如果连5条都没有满,那就要反思一下自己的教育,好好努力了!

> **·成长格言**
>
> 做一个好听众,鼓励别人说说他们自己。
>
> ——(美)戴尔·卡耐基

孩子在校在家两个样

· **教育小剧场**

青青上一年级后在学校吃午餐。老师不允许挑食，不许剩饭，青青每顿都吃得饱饱的，一学期下来，饭量增长了不少，个子也长高了。可是一到周末，青青在家就不好好吃饭了，这也不吃，那也不吃。妈妈哄着骗着，她都不吃，还说："老师给我盛的白菜不是这个味，老师盛的好吃。家里的饭菜没有学校的好吃。"搞得妈妈不知所措。眼看就要放暑假了，妈妈想，孩子在家里这样吃饭可不行，妈妈找到老师，请求老师放假前叮嘱孩子要好好吃饭，因为青青听老师的话。

· **智慧解码**

孩子听老师的话，符合我们中国的传统美德，也是家长教育的结果。孩子第一天背起书包去上学，家长都会叮嘱："听老师的话！"孩子从那一天起就知道听老师的话是正确的。老师传授文化知识，培养孩子德智体全面发展，对孩子的成长起到了重要的作用。但是，若是只听老师的话却不听家长的话，就说明出现问题了。孩子接受的教育应该是学校和家庭共同完成的，这样的教育才全面。

孩子听老师的话也有真假之分。一些孩子因为崇拜、喜欢老师，而真听老师的话。真听话的孩子，老师说的各方面的话他都认真遵守，包括生活中的小事，如按时起床、多吃蔬菜、不要玩电脑时间过长等；另一些孩子，是利用老师的话当挡箭牌，以达到自己的目的。他们是有选择地听，对自己有利的话就听，对自己没有利的话就不听。

案例中青青的表现也不完全是因为听老师的话，她在学校吃饭香的原因可能还有：同学们一起吃饭香；整个上午一点儿零食都没有吃，到了中午肚子早就咕咕叫了，吃什么都香，而在家里总吃零食，所以吃饭的时候不饿，家长给什么吃都不香。青青的表现有听话的成分，但更加重要的是肚子饿了。

· 教育三分钟

对于孩子只听老师话而不听家长话的情况，家长要判断孩子是真的听老师的话还是假的，然后就可以按下面的方法有针对性地解决问题了。

1. 合理利用老师的要求

如果孩子是真的听老师话，那么家长先判断一下老师的言行是不是合理，是不是有助于孩子成长。如果是，可以在孩子面前强化老师说过的话，让孩子努力按照老师的要求做。这样，孩子会很快乐，家长也省心。

有时候，家长的要求与老师的要求会有一些矛盾，比如老师说做完作业就可以好好玩一玩，放松一下。家长可能认为，多余的时间再学习一会儿多好。其实老师每天留的作业就是巩固练习，老师会检查，所以这些任务交给老师就好了。如果家长想让孩子更加聪明，就要锻炼孩子的能力，如记忆力、理解力、毅力等，而这些能力都可以在日常生活中用玩的方式锻炼，不必非在学习上给孩子过多的任务。

如果家长认为老师很多时候提出的要求不合理，如要求孩子写大量的作业，孩子很听话，每天花费很多无用功。此时，家长也可以友好地对老师提出建议，但是不要让孩子知道，因为孩子可能不愿意家长去找老师。

2. 识破孩子用老师的话当挡箭牌

孩子可能会以老师的话为借口，拒绝家长的要求。这样的把戏很容易被识破，可能连孩子自己都会"心虚"，觉得理由站不住脚，但是为什么家长却没有识破或是没有办法呢？其实很简单。一开始的时候，孩子用老师的话作为挡箭牌，家长认为老师的安排一定有道理，没有再作判断，于是孩子得逞了。时间长了，孩子便越来越出格，这时候家长才渐渐开始怀疑"老师的话"。

这种情况下，最好的办法就是戳穿孩子的谎言。给老师打一个电话，或者去学校一趟和老师谈谈，一切问题就都清楚了。孩子知道家长和老师谈过了，就会老实很多。家长再对孩子提出要求，孩子就不会再胡搅蛮缠，也避免孩子成为说谎大王。

家长要给孩子灌输这样一个观念：不管是在家里，还是在学校，都要听从正确的要求，有不同意见可以说明，自己有需求可以提出来，但决不可以为自己的无理行为找借口。

·家长自画像

当孩子在学校和在家里完全是两个样子的时候，各位家长们都是怎么做的呢？请讲述一下自己的方法，并请根据案例与分析，对自己的教育方法进行评价和反思。

1. 教育评价（请为自己的表现打星，最满意请涂满五颗星）

我对孩子的了解☆☆☆☆☆

我与孩子的交流☆☆☆☆☆

问题的处理效果☆☆☆☆☆

家长自我总评分☆☆☆☆☆

2. 教育反思

_____

_____

_____

·亲子总动员

成长计划表

当孩子只听老师的话，不听家长的话时，家长可以和老师进行合作。根据自己的要求和期望，与老师进行讨论，为孩子制定一个成长计划表，比如规定孩子每天几点准备睡觉、要在家帮妈妈爸爸做一件家务等。随后由老师交给孩子，让孩子完成后每天在成长计划上打钩，按照月份进行统计，交给老师检查。这样既能督促孩子，也能让家校合作更加紧密。下面就为你的孩子设计一份成长计划表吧！

日期	事项	完成情况	奖励与惩罚

· 成长格言

为学莫重于尊师。

——谭嗣同

孩子处处跟我对着干

· 教育小剧场

小霞是一名一年级的学生,小霞的妈妈是一位老师,对小霞寄予了很高的期望,特意把小霞放在自己的学校以便于管理。一开始小霞很认真,但慢慢地小霞不让妈妈放心了,老师也觉得小霞学习不用心。

一次考试小霞考了80分,妈妈特别生气,就把小霞一个人锁在教室里反省。妈妈开会回来,天都黑了,看见小霞所在的教室依旧黑着灯。妈妈赶紧打开门,本以为女儿一定会痛哭流涕地等着她,结果,女儿看着窗外,什么都没有做。妈妈的火气上来了,重重地打了女儿一巴掌。小霞依旧没有哭。

从此,妈妈开始每天看着小霞做作业,出现错误就惩罚。为了期末考出好成绩,妈妈给小霞留了大量的家庭作业。小霞没有了笑容,开始在学校偷懒,课堂作业也不完成。几次之后,班主任告诉了小霞的妈妈。放学后,小霞去妈妈办公室找妈妈。一见面,妈妈抬手就给了小霞几巴掌。回家后,妈妈在爷爷、奶奶、爸爸面前告状,然后让小霞把课堂作业写了10遍。

再往后,小霞开始"磨洋工",妈妈看不见她的时候就发愣,时常放学回家不带作业本回来,老师留的作业不记全,气得妈妈控制不住地要打小霞。一家人都对小霞的行为感到生气，每次小霞挨打的时候，爸爸、爷爷和奶奶还在一边"助威"。终于有一次，小霞放学没有回家。她被警察找到时，就是不说自己家住在哪里，直到家长报案，才把小霞领回了家。

·智慧解码

案例中，小霞的妈妈本来是想通过严格管教让小霞顺从家长的意愿，结果却事与愿违，小霞变得越来越叛逆，甚至最后发展到离家出走，这样的结果肯定是妈妈始料未及的。

是什么原因使小霞对家庭、对家长失去了依恋，选择离家出走呢？她甚至在被警察找到后仍然不愿回家，难道她对家庭已经厌恶到如此地步了吗？

根据小霞的情况，我们不难发现，她并不是不想回家，而是害怕回家以后面对家长无休止的指责和批评。小霞妈妈管理太严格，反而引起了小霞的逆反心理。如果小霞妈妈的教育方法还不改变的话，即使这次小霞回了家，也不能保证她没有下一次的出走。

·教育三分钟

对待像小霞这样因为不满家长的管束而产生逆反的孩子，家长要注意以下几点。

1. **不要期望过高，要允许孩子犯错**

家长对孩子管束过于严格的原因，常常是期望过高造成的。过高的期望使家长不能容忍孩子犯一点儿错误，这样就会对孩子造成过高的压力，使孩子感到焦虑。家长要知道，在孩子成长过程中是不可避免会犯错的，家长应该允许孩子犯错，适当降低期望值。爱孩子，就要成为他成长的助手，做一个协助者、引导者，引导他们改正自己的不足。

有些父母的教育方法不当，常常采取专制的手段管教孩子。孩子一旦与父母发生抵触，做父母的总喜欢摆出长辈的架子，采取"高压"政策来管教孩子。这会导致孩子的逆反心理逐渐升级，甚至出现说谎、逃学等不良行为。因此，父母要想教育好孩子，首先应该加强自己的修养，并且养成经常与孩子谈心、交换彼此想法的习惯，同时对孩子说话的态度要真诚、恳切。

虽然天底下的父母都希望自己的孩子长大以后有出息，但如果父母不考虑自己孩子的实际情况，对孩子提出一些过高、过严的要求，这些要求超出了孩子的承受能力，就会使孩子丧失信心，甚至出现厌烦情绪，产生逆反心理。

2. 注意孩子的心理变化

家庭应该是孩子的温馨港湾。当他们遇到挫折时可以得到家长的鼓励，当他们遇到困惑时可以向家长倾诉，温暖的家庭气氛可以缩短家长与孩子的心理距离。家长在孩子心目中是最亲近的人，每一个孩子都希望得到家长的爱。

如果家长只注意在生活上关心孩子，却不注意他们的心理健康，不注意与之沟通，时间一长，孩子就会从内心产生一种对家长的疏离感。如果家长再因为对孩子的期望过高而粗暴地对待的话，孩子出现逆反、与家长对着干的现象就难以避免了。

家长不仅要有明辨是非的能力，而且还要了解孩子的想法，遇到问题，先不要急于去教训孩子，而要设身处地想一想"假如我是一个孩子，会怎么想"。这样既能缩短彼此之间的心理距离，又能收到良好的教育效果。

3. 尊重孩子的独立性，提倡家庭民主教育

父母总是希望子女能听从自己说的话，为了让孩子听话，对孩子管理严格，一不服从就厉声训斥，甚至打骂，不能平等对待子女、尊重子女。其实当孩子有一定的自我意识的时候，会很反感家长的这种态度，很多孩子为了显示自己的独立性，才表现出了和家长对着干的现象。

现在我们经常提倡家庭民主教育，这里所说的民主并不是一切都要听孩子的，那样就成了放任。家庭民主教育，就是要把孩子作为一个独立的人来看待，他们也有自己的好恶，也有自己对事物的看法，虽然由于他们年纪小，缺少经验，对很多事物的看法比较片面，甚至是错误的，但仍然需要认真对待。家长应该在充分了解孩子想法的基础上，根据孩子自身的特点加以引导，这样才能有利于孩子创造力的发挥。

事实表明，如果孩子长期处于压抑的环境中，最终的结果不是变得性格内向怯懦，就是会产生不正常的反抗，事事与家长对着干。

·家长自画像

在面对孩子产生逆反心理时,各位家长们都是怎么做的呢?请讲述一下自己的方法,并请根据案例与分析,对自己的教育方法进行评价与反思。

1. 教育评价(请为自己的表现打星,最满意请涂满五颗星)

我对孩子的了解 ☆☆☆☆☆

我与孩子的交流 ☆☆☆☆☆

问题的处理效果 ☆☆☆☆☆

家长自我总评分 ☆☆☆☆☆

2. 教育反思

_____

_____

_____

·亲子总动员

叛逆的孩子怎么教育?

如果你的孩子有以下的表现,你会怎么做?

1. 放学回家就看电视或者打游戏,不和你说话。

2. 没有耐心听完你的建议,并且粗暴地打断。

3. 经常"神出鬼没",也不跟你打招呼。

4. 装扮夸张,你不能忍受。

· **成长格言**

　　最好的好人，都是犯过错误的过来人；一个人往往因为有一点小小的缺点，将来会变得更好。

——（英）莎士比亚

单元小结

　　在本单元中，我们从3个方面讲述了孩子成长过程中的一些具体问题，帮助家长更好地引导孩子健康成长。在学习与生活上，家长要让孩子爱上学校，要培养孩子的注意力，要培养孩子的独立自主能力；在自我与品德上，家长要避免溺爱导致孩子任性，要用爱驱散孩子的恐惧与胆小，要培养孩子宽容的品德；在沟通与交往中，家长要耐心引导孩子多交流、多表达，要让孩子在家在校一个样，避免管理太严格引起孩子逆反心理……

第三单元

提高篇

单元导言

每个家长都要面对孩子成长过程中的难题,有的家长对于孩子的问题束手无策,导致孩子的问题越来越多,而有的家长却能对症下药,很好地解决孩子的问题,让孩子成长为一个越来越好的人。在本单元,我们来看看我校的一些优秀家长是怎么说的。从这些家长的身上,学习一些教育技巧和教育良策,让每一个孩子都能健康成长!

帮孩子养成好习惯

·江海好家长

孩子刚进入一年级，是养成好习惯的开始，家长要有意识地在家里培养孩子养成良好的学习习惯。

首先，从孩子放学回到家说起。不知道别人家的孩子是不是这样，我家孩子只要一坐到学习桌前就来事，一会儿渴、一会儿饿、一会儿上厕所、一会儿找东西，反正就是静不下心，作业质量也特别差。

所以放学后，我们不会一到家就催着孩子写作业，给他点时间放松，喝点水、吃点水果，再让他写作业之前上个卫生间，这样我们就把孩子的招数都拆掉了，孩子在座位上就可以坐得更久一点。

其次，家长要陪读。这一点在我看来十分重要。孩子现在年龄小，自控能力差，写一会儿玩一会儿，家长坐在旁边看着可以更好地监督。有的知识可能孩子在课堂上学会了，回到家就忘了，或者记错了，家长在旁边陪读可以及时纠正辅导。

在陪读的时候，家长可以给孩子制定学习计划，每天先做什么、后做什么、该怎么做,写一张纸贴在学习桌上。一开始可以带着他执行,然后渐渐转变为让孩子自己来执行,家长检查他有没有完成学习计划,等到他可以自己完成得很好的时候,家长的陪读就差不多可以结束了。一开始陪读是挺辛苦的,但是以后就轻松了,一般两到三个月就可以养成这种良好的学习习惯,这种好习惯直接关系到孩子的成绩。

第三,让孩子养成检查的好习惯。孩子写完作业我都会告诉他,自己先检查,确定全对了再交给我。我批改的时候看到错题把它圈出来,让孩子再试着做一遍,还是做错的话说明孩子可能不会,那就给他讲解一下,然后再出几道类似的题目让他加深巩固。

第四,让孩子养成书写整洁的好习惯。当孩子作业交出来的时候,我第一时间不是检查对错,而是看整个作业是不是写得工整、整洁,如果写得不行就擦了。

有一次做一个小练习,孩子字写得不认真,我看了下整个练习错了一题,然后我告诉他,正确率还可以,错了一道,但是我要全部擦了。他问为什么,我告诉他字写得不工整,即使全对我也会擦了。第二遍做的时候他不仅字迹工整而且全对。这样的事情多经历几次,孩子就知道提起笔就要认真书写。从孩子的字迹也可以看出孩子在做这份作业时的认真程度,字迹马虎肯定不如字迹工整正确率高。

第五,重视孩子倾听的习惯的养成。作为一年级学生,孩子现在的认字量并不多,很多题目不会读,都要家长来读题。我一般给他读完题都会问他，比如读完数学应用题问孩子，这道题说了什么、问了什么，让他重复一遍；读故事书的时候问孩子，这个故事里面有谁，发生了什么事，让他再讲一遍。如果孩子不认真听，肯定重复不出来。

认真倾听对孩子课堂听讲的帮助很大，如果老师在上课，孩子专注力不够，那他当天的知识就不能掌握，日积月累，孩子成绩就跟不上了。

2017级学生　张骏威家长

·父母充电站

习惯是影响孩子成长的重要因素。对于成长中的孩子来说，其行为总是受习惯的影响。可以说，好习惯可以使孩子获得人生的成功与快乐；坏习惯则可以使孩子的一切努力变成徒劳，甚至毁掉孩子的一生。

日本教育家福泽谕吉说："家庭是习惯的学校，父母是习惯的老师。"事实正是如此，孩子习惯的养成主要在家里，所以父母更应该注重在生活中培养孩子的各种好习惯。

在学习上，家长要有意识地培养孩子形成一些良好的学习习惯，比如认真听讲、书写工整、有计划地学习、写完作业检查等。这些习惯的养成都会让孩子受益终身。在培养孩子的学习习惯时，家长要注意两点。

第一，家长要以身作则，给孩子做榜样。模仿是加强学习习惯培养的一个重要途径。对孩子来说,能否引起模仿,取决于父母的表现。孩子学习时,父母可以读书、看报等,能与孩子一起讨论问题就更好了。大人不应该一方面要求孩子专心学习,另一方向自己又在起劲地玩扑克、看电视等。这样既会分散孩子的注意力,又给孩子的过失留有借口:你都没做好凭什么严格要求我,使习惯培养为空话。

第二,家长要耐心指导孩子。由于小学生自制力差,常常会不由自主地违反行为规范,因此碰到孩子不按要求去做时,家长千万不能急躁、放弃或放任自流,更不能讽刺或打骂孩子,要坚持正向引导,持之以恒。在帮助孩子养成良好学习习惯过程中,家长更要善于发现并肯定孩子的进步,对做得不够的,也应实事求是地指出努力的方向和方法,使孩子学会严格要求自己,不断强化正确行为,修正不正确行为,从而尽快形成良好的学习习惯。

· **成长格言**

成功和失败都源自你所养成的习惯。

——(法)拿破仑

激发孩子内在潜能

·江海好家长

　　作为父母，对于孩子的未来都是很期待的。我们十分看重在孩子的成长中父母的陪伴，甚至为此放弃了一部分事业，只为让孩子的童年过得完整，记录孩子成长中的点点滴滴。

　　记得在孩子上中班的时候，我们开车出去游玩，孩子在车上觉得无聊，想玩手机打发时间。在车上玩手机对眼睛伤害很大，所以我拒绝了。为了让他觉得不无聊，我就出了几道题目考他，如果答对三题数学加法就让他玩一会，他很爽快地答应了。

　　我出 3+4，他用手指算了几分钟，把答案算了出来。我加大了难度，问他 7+8，他的手指用不过来了，想了很久想到还有脚趾，然后又对了。为了为难他，我出了 15+9，就算手指加脚趾也不够了吧！他想了很久，还是算不出来，我说算不出来就放弃吧！

　　没想到他还是不肯不放弃，最后想到了拿前位数把后位数数上去，最终算出来了答案。我很是吃惊，因为在此之前他都没有接触过数字加法。从此，他对数字就很敏感，过一段时间就会给我们惊喜，现在连三位、四位数的加减都能很顺利地做出来，无意中的为难，竟能激发出他数学方面的潜力。

2017 级学生　黄孔悦家长

·父母充电站

父母良好的教养，是儿童发展与将来成功的良好基础，故而父母要重视家庭教育，才能充分激发孩子的潜能。

1. 父母首先要明确教育的目的

教育是为了让孩子成为一个幸福的人。要让孩子在日常生活中拥有属于自己的时间、空间以及选择的权利，借由不断的选择和知识经验的累积，去学习何谓好的决定，在分析利弊后，尊重其决定，以培养其承担责任的能力。

开发孩子学习潜能的目的，不在于让他进入名校或是功成名就，而在于让他的人生拥有更多的选择机会；明白自己潜能中的优势，可以更有自信和能力面对问题；明白自己潜能中的不足，能以更实际、理性的态度解决问题。

2. 培养孩子享受学习的生活态度

学习并不只是学校中的学习，生活中处处都是学问，处处需要学习。随着时代的发展，需要学习的东西越来越多，因此终身学习的态度是人人都要有的。只有当孩子在生活中也享受学习时，才能不断发现自己的兴趣，不断找到自己的长处，不断激发自己的潜能。阅读就是一种很好的方法，仿佛站在巨人的肩膀上看世界，对于孩子的人生十分有益。

3. 引导孩子了解自我、接纳自我、活出自我

在与孩子沟通的过程中,父母要协助孩子倾听自己,让孩子了解自己的能力、价值。只有这样,孩子才会明确自己的潜能所在,才能更好地发展自我。

4. 通过思考训练激发孩子潜能

多思考可以启发孩子解决问题的潜能,小至家里空间的分配,大至暑假要去哪里玩,都可以提出来讨论,让孩子进行思考。这种方法可以让孩子形成思考的习惯,在日后的发展中也十分有益。同时,还要多鼓励孩子多动手、多阅读一些有趣的故事等,这样可以让孩子产生创意,也会激发孩子的内在潜能。

· **成长格言**

世界上没有才能的人是没有的。问题在于教育者要去发现每一位学生的禀赋、兴趣、爱好和特长,为他们的表现和发展提供充分的条件和正确引导。

——(苏联)霍姆林斯基

改变家庭教育观念

· **江海好家长**

在家庭教育中,爱是很重要的。一个充满爱的家庭,会培养出更优秀的孩子。父爱可以给予孩子很强的安全感,让他敢于尝试、敢于突破;母爱的温柔和宽容可以让孩子养成宽厚的性格。所以在孩子成长过程中,我们坚持两个人一起陪伴着他,哪怕没时间也要挤出时间来,让孩子更快乐。

在教育方式上,我觉得不打不骂教育孩子是最好的一种教育方式。我以前是一位特别严厉的妈妈,在孩子5岁的时候学跳街舞,动作不规范,说了好几遍还不纠正,急性子的我就声音越来越大,有时候激动起来甚至"动手"。一段时间以后,孩子就开始厌恶学街舞,最终放弃……

从这件事情发生后,我和孩子的爸爸就开始检讨自己的教育方式。后来孩子喜欢上尤克里里,在我们不打不骂的教育中,他已经学了1年半多,非常爱好音乐,一个人自觉弹琴、自创歌曲。但有时候我也会发脾气,这时候我就会主动跟孩子道歉,说:"妈妈错了,妈妈每天早晨读5遍：不打不骂教育孩子。请宝宝原谅妈妈，但不打不骂教育之前，宝宝也要听话，要配合妈妈，这样我们母子俩都棒棒的。"

父母参与的家庭教育是最重要的，它是整个教育工作不可缺少的一部分。没有家庭教育的支持和配合，学校亦不可能单独把孩子教育成才。要想把孩子培养成一个适合社会高速发展需要的高素质人才，父母首先要改变自己的教育观念，学习现代的教育理念和科学的家庭教育方式，提高自己的教育素质和对孩子的教育能力。让我们一起努力吧！

2017级学生　谭诚信家长

·父母充电站

在教育孩子的时候，有些家长时常感到很为难，因为除了打骂之外，他们很难找到有效的教育方法。很少有父母天生就会教孩子，也很少有父母能自然而然地成为育儿高手。要想做一个成功的父母，就需要不断地充实新知识。对于不打不骂教育孩子，在这里提出10个要点，需要家长们重视。

1. 多多了解孩子

在忙于生计的同时，家长一定要抽出时间来多了解孩子，与孩子、老师多多沟通，尽量对孩子在学校和家庭中的表现有一个全面把握。多一分了解，就少一分误解。这样一旦孩子真有不听话的时候，也能比较明白应该如何去引导孩子。

2. 吸收教育知识

社会在变化，孩子的成长环境也在变化，那么教养方式自然也要不断进步。身为家长，就要主动吸收教育新知识，新知识可以帮助家长跳出自己的成长经验，及时调整教育观念。

3. 耐心倾听孩子

当家长对孩子做的事情气急时，应该先冷静下来，尝试着多一分耐心，问问孩子这么做的原因是什么。当家长的心思开始侧重于了解孩子的想法，并想办法帮孩子解决问题时，也许就会发现孩子的行为其实是情有可原的。

4. 真正放下身段

有些家长总喜欢在孩子面前保持威严，每当孩子犯错的时候，第一个想到的就是处罚孩子。希望家长真正放下身段，从内心尊重孩子，将孩子当作成人一样给予尊重。

5. 跟孩子讲道理

除了平时的告诫之外，家长也要在实际的情境中教导孩子一定的道理。让孩子从其他人的角度去体会一下，真正体会自己的行为会如何影响他人。

6. 让孩子去体验

如果孩子老是听不进大人的话，那么在保证安全和没有恶劣后果的前提下，家长也可以让孩子尝尝"自食恶果"的滋味。通过自身的体验，孩子将能深刻领悟到家长的教导有多么正确和重要。

7. 同孩子做协商

不要总是要求孩子按照大人的心意去生活，那么不只是孩子痛苦，就连大人也很痛苦。孩子也是人，当然有他自己想做的事，因此，同孩子做协商，各退一步也许是很好的方法。

8. 盛怒时不管教孩子

在极度愤怒的状况下，家长肯定无法以理性的方式来管教孩子。所以，当家长无论如何也平静不下来的时候，建议家长暂时离开现场，或是转移自己的注意力去做别的事，如打电话给朋友聊天、听音乐等。等自己平静下来以后，再和孩子好好谈谈。

9. 修正对孩子的期望

有时家长太过于求好心切了，常常拿自己都做不到的标准来要求孩子。要知道，孩子年龄还小，有好动、固执、健忘等表现都很正常。家长如果真的要对孩子有所要求，也一定要考虑孩子的成长状况，不要总是拿放大镜去看待孩子的表现。

10. 真诚对待孩子

有些家长在与孩子做沟通的时候，总是喜欢用指责或命令式的语气，这常常让孩子难以接受。亲子之间的沟通应该是真诚而没有距离的，家长可以很诚实地将自己的担心或情绪解释给孩子听。只要语气是平和的、态度是真诚的，家长就会发现，其实孩子是很乐意体贴爸爸妈妈的。

· **成长格言**

教育植根于爱。

——鲁迅

保护孩子的自尊心

· 江海好家长

从幼儿园进入小学,变成一名小学生,对孩子、对一个家庭来说都是大事儿。作为家长,其实我是忐忑的,孩子也是迷茫的。小学是孩子正式进入成长学习的起始阶段,在这阶段里,我们应该要做好孩子健康成长的指引者。

虽然孩子还小,但其实已经有很强的自尊心了。可能很多家长会笑,可它却真真切切地发生在我儿子身上,也让我意识到当外人的面教育孩子是很伤孩子自尊心的,家长要保护孩子的自尊心。

那是发生在一次围棋考级后的事情。那天是我儿子和我朋友家的孩子一起去的,考完回去的路上,两个孩子边跑边玩着,走到大马路上。我和朋友就叫住孩子们,让他们来牵着我们的手,可能我家的孩子习惯了,叫了就过来牵着了。朋友家的孩子还是处在兴奋状态,朋友又比较严厉,很自然地开始教育起来了。

我儿子在旁边看到了,就直接过去说:"阿姨,你不要在外面凶他,这样他会很没面子的,很丢脸的。"我听后,就拉过他的小手,问:"你一个小孩子懂什么面子、丢脸啊,说说看,这怎么就没有面子了?"他很认真地说:"这么多人,还说他,肯定丢脸咯!"说完,还看了我一眼,说:"妈妈,对吧,回家好好说,不可以打的。"

虽然他说得很简单,但对我来说,却敲响了警钟。我不能再认为他什么都不懂了,他已经有自己的想法了,不可以再像训小娃娃那样训他了。在遇到不对的事情上,我们要尝试着和他交流、和他讲道理了。在遇到对的情况下,我们也要不吝表扬,多鼓励他,让他的优点慢慢放大。

家长要善于鼓励孩子,让孩子说出自己真正的想法,理解孩子的感受。在与孩子沟通的过程中,一定要耐心倾听,不管孩子的语速、表述情况,让他把想要表达的全部说完并用实际行动鼓励他,认可他。

2017 级学生　陈江旭家长

·父母充电站

父母对孩子好像总是爱责备,而不善于表扬。有许多父母为纠正孩子的缺点,总是情绪激昂、没完没了地责备孩子。一味地责备,不用说孩子,就连大人也会失去信心。这样下去,孩子就会因设法保护自己而产生反抗心理。

有人说:"处于反抗期的孩子,难以对付。"人本来就没有什么反抗期,但因孩子具有旺盛的生命力,若不给予正确引导,就会以

"反抗"的形式表现出来。因此说,"反抗期"不是自然形成的,而是由父母方面培植起来的。如果总责备孩子,任何孩子都会产生反抗的心理。

责备虽然也是从爱孩子的角度出发,但父母为了责备往往采用令人可怕的脸、声音或表情动作。不妨用摄像机把它录下来,自己亲眼看一看,那么就会明白那样的表情动作是多么可怕,难怪会使孩子产生恐惧心理。如果孩子感到恐惧可怕,即使怎样责备和说教也都听不进去了。尽管孩子停止做坏事,那也是因为他讨厌再次经受以前那种可怕的体验,并不表明他懂得了"这件事不能做"的道理。

孩子虽小,但也有自己的想法,有许多幻想,其中隐藏着许多可能性。为实现孩子发展的可能性,家长对孩子不能轻易指责,而是要想办法保护好他们的这些想法与可能性。

有的父母听到孩子唱歌走调时,就说:"你怎么老走调呀?"孩子听了这番话该怎么想呢?也许他会认为:"我连音都发不准,还能唱好歌吗?"

事实上,这样的话在我们的家庭或学校里是能经常听到的。我们能从学生的父母和老师那里听到许多这样指责的话,比如"像你这样的笨蛋,什么也搞不成!""就这种成绩,你长大后还能干什么!"有许多家长和老师满不在乎地说出这些不该说的话,但却伤害了孩子的自尊心,也剥夺了他们发展的可能性。

通过责备让孩子做与通过表扬让孩子做,二者对孩子的影响是完全不同的。因此，要用冷静的态度和温暖的心去对待孩子，注意和发扬孩子的优点，保护孩子的自尊心、好奇心与求知欲。

> · **成长格言**
>
> 教育者的关注和爱护在学生的心灵上会留下不可磨灭的印象。
>
> ——（苏联）霍姆林斯基

家长要与孩子交心

· 江海好家长

孩子的成长让父母操碎了心，如何让孩子身体健康成长的同时，心理也健康成长，这个是永不落幕的话题。古话说：愚者千虑，偶有一得。在教育孩子的过程中，我有一些心得，下面将从4点来进行阐述。

（1）倾听。对孩子说的话要认真地听，耐心地听。哪怕孩子说得匪夷所思，也不要有不耐烦的神情，更不要试着去反驳他。那么应该怎么办？我觉得面带微笑，心里默默唱歌比较好，一般我唱《白天不懂夜的黑》。

（2）沟通。有些事情，你觉得匪夷所思，但孩子觉得天经地义，这个时候你就要把自己放在孩子的位置去和他聊天，理解他说了什么、做了什么，条件允许的情况下和他互动，亲自去感受孩子的心路旅程。

（3）表扬。对待孩子要以表扬为主。比如，孩子拆掉了新买的玩具，要把心态平和下来，从另外一个角度去肯定、鼓励孩子：

"哇,你居然能把这么复杂的玩具拆开,好厉害啊!"

(4)引导。这一点与第3点要结合,在表扬鼓励之后,要善于引导孩子。当孩子做错了事,要告诉孩子什么是错误的,让孩子知道什么可以做、什么不可以做,让孩子明白做这个事情会产生什么样的后果,不管孩子听不听得懂都必须说。而且,以后碰到类似事情还要说、继续说、不停说,但要控制语气,不要焦躁,也不要不耐烦。

合抱之木,生于毫末;九层之台,起于垒土;千里之行,始于足下。育儿应该从孩子朦朦胧胧,能听懂父母话时就开始了,那时候的孩子就是一张白纸。相信自己,相信孩子,我们都是最好的父母,我们都有最棒的宝贝!

2017级学生　邵雪妍家长

·父母充电站

当今,能耐心地听孩子说话的大人渐渐少了。许多孩子的父母,不仅不会主动与孩子沟通交流,甚至有时孩子找父母说话的时候,只顾看着报纸或电视,随声附和地聊上几句,很少耐心听孩子讲话。

有的父母叹息:"孩子有什么话也不跟我说,我说什么孩子也不入耳。"另一方面,孩子也抱怨说:"父母什么事也不跟我们讲明白。"或者:"父母光说自己想说的话,可我想说的话,父母都不听。"这种情况并不是突如其来的,而是从孩子幼儿时期开始形成的。

父母不光要听孩子说话,更要与孩子"交心",这样才能真正理解孩子，陪伴孩子快乐成长。

许多父母无法和孩子互相理解，是因为他们没有与孩子交心。如果能与孩子交心，那么孩子与父母之间自然而然就不会产生隔阂。

此外，正如上文优秀家长案例中提到的，家长对孩子的态度非常关键，如果家长总是居高临下，一副威严的面孔，时间久了，孩子就会产生畏惧心理，也不敢和父母交流了。家长应该把孩子当朋友对待，与孩子交朋友，尊重孩子的意愿，和他一起分享开心和不开心的事，这样才能成为孩子心灵的永久归属。

当家长能够耐心倾听、用心理解，就能渐渐看清孩子的世界，并能从中发现乐趣。

> **· 成长格言**
>
> 教育技巧的全部奥秘也就在于如何爱护儿童。
>
> ——（苏联）霍姆林斯基

单元小结

本单元中，我们选取了5个优秀家长案例，也从这5个案例中学习到了许多教育方法和技巧。作为一个好家长，要能够平等地与孩子进行沟通和交往，要懂得保护孩子的自尊心，要帮助孩子养成好习惯，要善于激发孩子的潜能，要用爱引导孩子成长……

家长必读

家长千万不能对孩子说的 10 句话

1. 你怎么那么笨。
2. 你看看人家孩子。
3. 你的任务就是好好学习,其他什么都别管。
4. 小小年纪,居然敢批评我了?
5. 大人说话小孩别插嘴。
6. 小孩子懂什么?
7. 小孩子有什么隐私。
8. 我这是为你好。
9. 你是从垃圾堆里捡的。
10. 早知道这样,当初就不该生你。

图书在版编目(CIP)数据

百分爸妈 / 褚红辉,沙秀宏主编. — 上海:上海社会科学院出版社,2020
 ISBN 978-7-5520-3205-5

Ⅰ. ①百… Ⅱ. ①褚… ②沙… Ⅲ. ①家庭教育 Ⅳ. ①G78

中国版本图书馆 CIP 数据核字(2020)第 109044 号

百分爸妈

主　　编	褚红辉　沙秀宏
责任编辑	杜颖颖
封面设计	黄婧昉
出版发行	上海社会科学院出版社
	上海顺昌路 622 号　邮编 200025
	电话总机 021-63315947　销售热线 021-53063735
	http://www.sassp.cn　E-mail:sassp@sassp.cn
照　　排	南京理工出版信息技术有限公司
印　　刷	上海天地海设计印刷有限公司
开　　本	890 毫米×1240 毫米　1/32
印　　张	15.5
字　　数	305 千字
版　　次	2020 年 11 月第 1 版　2020 年 11 月第 1 次印刷

ISBN 978-7-5520-3205-5/G·942　　　　定价:69.80 元(全五册)

版权所有　翻印必究